Investigación UX

Métodos y herramientas para diseñar Experiencia de Usuarios

Jorge Barahona Ch.

Dedicado a:

A Lidia, Manuel y Vicente, por enseñarme a vivir.

A Mirella y Jorge, por darme la vida y el ejemplo.

A Alejandro Garretón, Arturo Chicano, Juan Carlos Camus y Mari Carmen Marcos (QEPD) por confiar y alentarme.

Agradecimientos:

Un gran agradecimiento a Walter Giu, Director de Contenidos, por su invaluable aporte a la hora de ordenar mis conocimientos, y por ayudarme a optimizar y transmitir mis ideas y experiencias.

Gracias además a todo el equipo actual de AyerViernes.

Y finalmente, un sincero agradecimiento a mis alumnos, por enseñarme a aprender.

Contenido

PRÓLOGO 8

INTRODUCCIÓN 12

METODOLOGÍA UX 22

CONTEXTO METODOLÓGICO 25

ARTICULACIÓN UX 31

    BRIEF UX 33

INVESTIGACIÓN UX 47

    ENTREVISTAS A STAKEHOLDERS 53

    BENCHMARK 63

    REVISIÓN EXPERTA 75

    ESTUDIO ETNOGRÁFICO 83

    TEST HEURÍSTICO 93

    PERSONA O ARQUETIPO 102

¿CÓMO VENDER O COMPRAR DISEÑO UX? ... 109

    VENDER UX 109

    COMPRAR UX 113

CONCLUSIÓN 117

SOBRE EL AUTOR 119

BIBLIOGRAFÍA DE REFERENCIA 120

Prólogo

Tres objetivos tuvimos en mente quienes nos iniciamos en el camino de la Arquitectura de la Información (AI), a comienzos del nuevo siglo. Queríamos tener la capacidad de educarnos entre nosotros y apoyar a quienes se interesaran en el tema; reunir a la comunidad en eventos y generar un espacio común para seguir avanzando en el desarrollo de la disciplina y, por último, publicar para llegar a quienes no conocíamos con algo de lo que sabíamos.

La primera meta la logramos a punta de puro entusiasmo, ya que fuimos capaces de generar todo tipo de actividades de auto-enseñanza y luego, con el apoyo de algunas universidades, darle espacios formales a lo que entonces era la naciente AI acompañada de la UX (Experiencia de Usuario). Así conocí a Jorge, quien llegó a una de mis clases en la U. De Chile, y desarrollamos una amistad que se ha mantenido firme y entusiasta, permitiendo, muchas veces, generar proyectos e ideas juntos o separados, pero siempre dando el apoyo para que el resultado fuera el esperado. Nuestra idea fue la de tomar la teoría que venía de afuera, matizarla con la experiencia local y ofrecer una mirada propia para aportar al proceso de enseñanza y aprendizaje de esta disciplina.

El segundo propósito llegó como consecuencia. Desde el 2002 comenzamos a desarrollar seminarios que reunieron a los interesados locales con los practicantes tanto en el país como extranjeros, expandiendo el alcance de lo que estábamos haciendo en las salas de clases. Más personas pudieron ver que lo que hacían a diario tenía nombre, herramientas, procesos y autores, que, desde el idioma inglés, explicaban su forma de trabajar en proyectos que se parecían a los nuestros pero que no se comparaban, ya fuera por visión del mandante, por la escala del desarrollo o por el presupuesto asignado, a lo que podíamos realizar localmente.

La tercera aspiración la comenzamos a cumplir con los antiguos blogs y otros espacios, incluyendo los medios de comunicación tradicionales. Ambos, así como muchos colegas, nos dimos a la tarea de poner en español lo que se estaba diciendo en inglés y, paralelamente, comenzamos a contar nuestras propias historias digitales para que los lectores tuvieran esta mirada local de lo que era posible hacer, de los resultados que se podían obtener y de los aciertos y fracasos que se suscitaban en el camino. Sin embargo, siempre tuvimos clara la necesidad de avanzar más allá del artículo y pasar al libro, con el objetivo de generar un espacio más completo para contar las historias que nos interesaba dejar plasmada para la comunidad.

Así llegamos a este tiempo. Unos antes, otros después, formalizamos lo que sabemos en este formato y, por eso, damos la bienvenida a este primer libro de Jorge, ya que sé que abrirá la puerta para otros que seguirán llegando. Nos debemos una biblioteca entre todos los que apoyamos este movimiento que impulsa la AI y la UX en Chile y en América Latina. Hoy, Jorge aborda las herramientas de investigación. Mañana, habrá otros textos o aparecerán nuevos autores para tratar nuevos dolores y dar otras respuestas a los proyectos en los que nos toca trabajar, con el entusiasmo de los conversos y la alegría de quienes ven cómo el uso de esta forma de enfrentar y abordar proyectos, genera soluciones que llevan una vida mejor a quienes usan los productos que se generan.

La alegría que tenemos es que, a casi 20 años de comenzar, ya contamos con actividad permanente, una comunidad viva y conocimiento que fluye. Aprovecho de felicitar a Jorge por la constancia en los tres frentes y también a quienes llegaron a este libro buscando apoyo para su trabajo porque son parte de una búsqueda en la que todos participamos. Somos una comunidad diversa y muy activa, que espera que sus integrantes también contribuyan con sus propias enseñanzas y aportes. Si eres nuevo en este mundo, bienvenido y esperamos que te sumes con ganas. Si ya lo integras, esperemos que participes con más entusiasmo y, mirando este libro, te animes a seguir avanzando. Y si ya tienes experiencias que te gustaría plasmar, te invito a liderar iniciativas para conseguir que todos avancemos (por ejemplo, escribirlas). Nosotros partimos igual, sólo que antes. Creemos firmemente que juntos crecemos y juntos seremos siempre más.

Juan Carlos Camus

Periodista, Profesor y Evangelista AI-UX

Introducción

Uno de los problemas que estamos enfrentando los diseñadores y las empresas que ofrecen productos y servicios digitales, es el siguiente: si bien el mercado hispanohablante se encuentra algo más maduro en tema de Diseño UX —principalmente el chileno y mexicano— esa madurez es producto de lo que hemos logrado capturar de otros mercados avanzados como el de Estados Unidos.

En tal caso, los diseñadores UX de América Latina utilizan métodos y herramientas que, si bien son universales, tienen matices muy distintos cuando son aplicados en la región. Lo que muchos diseñadores UX saben de Diseño de Experiencia de Usuarios, está tomado de realidades y problemáticas diferentes a las nuestras. Y lo que este libro propone y trae a la mesa, es una visión de 20 años de experiencia en Latinoamérica, donde todo es muy distinto:

- El **mercado**

- Los **consumidores**

- La **cultura** de las empresas e instituciones

- Los **presupuestos** para invertir en diseño

- Los **aprendizajes y experiencias** de los recursos humanos

El mercado

Al año 2016, en los Estados Unidos de Norteamérica (USA), había 5.102 bancos comerciales[1]. En América Latina, la banca se distribuye de manera concentrada, con muy poca competencia. Por ejemplo, en Chile existen 14 bancos comerciales[2] de los cuales 6 controlan el 71,77% del mercado[3]. Lo mismo se repite en la Argentina, donde existen 10 bancos que controlan el 73,4% del mercado[4]. Ante estas cifras se desprende que la competencia en la banca en América Latina no existe, por ende ¿cuál es necesidad de preocuparse por la experiencia de los usuarios y los clientes?

Los consumidores

La penetración de internet en USA es de un 88,1%, unos 286.941.700 de habitantes conectados[5]. En América Latina la penetración es de un 59,5%, unos 371.875.000 conectados. Si bien es cierto que la cifra es superior en América Latina, la experiencia de los usuarios latinoamericanos, por ejemplo en comercio electrónico, es muy inmadura y poco significativa.

En USA, abrir una carta o paquete es un delito federal; en Latinoamérica no está regulado de igual manera y por lo tanto, los usuarios no confían en las logísticas de distribución, situación que define un consumidor inexperto y desconfiado. Lo mismo sucede con los medios de pago: en USA existe un mercado de manejo de tarjetas de crédito completamente distribuido, desintermediado y desconcentrado. En Chile, al año 2018, existe sólo una empresa que entrega el servicio de manera concentrada y vertical, ya que sus dueños son los mismos bancos que emiten las tarjetas[6].

La cultura de empresas e instituciones

En América Latina (AmLat) no existen empresas de Experiencia de Usuarios como lo son Amazon, Disney, Airbnb o las clásicas Google y Apple. Tampoco los estados de los países latinoamericanos están volcados a que sus habitantes tengan experiencias memorables que construyan hábitos por la calidad de sus servicios digitales o físicos —aspectos que determinan cómo se siente un habitante de un país, e incluso sus visitantes—, como sucede por ejemplo con Estonia y su e-estonia.com.

La realidad en AmLat es muy distinta porque **las empresas e instituciones están centradas en los productos**, no en los usuarios. Por eso se preocupan tanto de la infraestructura y el *software* en vez de tratar de construir empatía, entender los modelos mentales, los deseos y las aspiraciones de las personas.

La cultura empresarial latinoamericana es agrícola, está acostumbrada a vivir de recursos naturales donde el recurso humano es un número, y los clientes son la consecuencia del manejo de los medios de comunicación a través de la publicidad interruptiva. Por eso mismo, la "transformación digital" no les resulta, ya que la misma sucede en algo más profundo que una Excel o un seminario con el gurú de turno; es un cambio cultural que sucede en el lenguaje[7].

Los presupuestos para invertir en diseño

En USA y Europa, el diseñador es un profesional respetado al que se escucha y admira. En Finlandia, ser diseñador o profesor es una aspiración superior para sus jóvenes.

En los países más desarrollados, las empresas valoran el resultado del proceso del diseño como un activo que agrega valor real, tanto así que estudian *"design thinking"* como herramienta que le enseña al *management*, metodologías de trabajo propias del diseño.

En Latinoamérica nadie compra diseño porque se tiende a confundir el oficio con la estética y el arte. Por lo mismo, las discusiones entre clientes y diseñadores siempre rondan el "gusto" y lo subjetivo.

Estos detalles —y muchos otros que dejo para otro libro— hacen que el diseño se compre como un adicional estético y no técnico; como algo que queda al "gusto" del mandante del proyecto y que, supuestamente, no agrega más valor que la belleza. En este escenario confuso es muy difícil que los presupuestos de diseño sean gruesos y estratégicos. La empresas invierten en "TI" (tecnologías de la información) y en "fierros" —infraestructura—, no en diseño.

Los aprendizajes y experiencias de los recursos humanos

Las diferencias son notables y visibles. En mercados maduros existe claridad en los distintos tipos de diseño que se puede comprar, y a quiénes. La especificidad existe y se paga porque el mercado es enorme y está más desarrollado, pero también porque **los diseñadores se forman de manera continua e invierten mucho en especializarse y mantenerse actualizados.** Por lo mismo, un diseñador UX en USA gana un salario promedio de USD 107.000 anuales[8].

En nuestra región, los aprendizajes son empíricos y, dada la condición del mercado descrita anteriormente, es complejo participar en proyectos grandes, globales y sofisticados. Sin embargo, la región presenta una oportunidad para crecer junto a las compañías que, sin duda, lo están intentando, y que son una fuente de crecimiento profesional innegable. Pero si este crecimiento no está acompañado de formación y capacitación formal, corremos el riesgo de quedarnos sólo con la experiencia y sin la argumentación técnica necesaria para madurar de manera orgánica y profesional.

Entendiendo entonces que nuestra realidad es distinta a la anglosajona o a la europea, en este libro hablaré desde mi experiencia sobre la implementación de métodos y herramientas para el inicio de proyectos digitales.

En el fondo, me comunicaré en español, para el mercado hispano, ofreciendo la visión de un autor que ha vivenciado la enorme complejidad de vender Diseño UX en Latinoamérica. Sí, vender UX a las empresas de la región todavía es altamente complejo.

Por supuesto que los métodos mencionados en este libro son similares a los que puede nombrar un autor norteamericano o europeo, y ciertamente son las mismas herramientas —no estoy hablando de la reinvención de la rueda—, pero aquí se podrá respirar una visión más local y adaptada a nuestra realidad. Al final de cada capítulo podrás aplicar las herramientas de inmediato y lo mejor, en algunos casos te comparto mis plantillas de trabajo como primer impulso para que ejecutes las herramientas de investigación UX que trataremos.

La importancia de un proceso de investigación

Los proceso de investigación UX son difíciles de vender y ejecutar en Latinoamérica —por costos, falta de recursos y tiempo, o simplemente desconocimiento—, y al mismo tiempo son absolutamente necesarios.

El no tener un proceso de investigación claro, afecta en gran medida al éxito de un proyecto, principalmente por la falta de conocimientos sobre la problemática a resolver.

A modo de ejemplo: es muy común que una empresa o gerente solicite el diseño de una aplicación móvil o el rediseño de un sitio web, sin tener definido el porqué. El pedido de trabajo nace porque la competencia tiene aplicación móvil, y hay que ponerse al día, o porque la web se ve antigua.

El primer error de la empresa del ejemplo, es que está solicitando una solución específica —diseño de una aplicación móvil o rediseño de sitio web—, en vez de explorar cuál es la verdadera problemática de negocio a resolver. El segundo error es que el pedido de trabajo está centrado en el producto, en vez ocuparse por resolver los problemas de un usuario o cliente.

La solución: investigar y definir qué hay que hacer y por qué, antes de diseñar y ejecutar cualquier cosa. Por eso este libro.

"Investigación UX" busca equipar a todo tipo de profesionales relacionados al desarrollo de productos digitales, con herramientas de Diseño de Experiencia de Usuarios que les permitan mejorar la rentabilidad de sus negocios.

Directores de proyectos, consultores web, profesionales del marketing, diseñadores gráficos, programadores, ingenieros o comerciales; en síntesis, todos los profesionales que orbitan alrededor de un producto o servicio digital, necesitan **visualizar y entender las bases del Diseño UX.**

Aquellos profesionales que todavía no han indagado en la importancia y los beneficios de esta disciplina, primero deberían consultar el libro "Cómo el Diseño UX aumenta el valor de los negocios"[9], editado en 2017 por AyerViernes, la empresa de consultoría de Diseño UX que dirijo. Se trata de una publicación de descarga gratuita que facilita la adopción de los conceptos clave.

El libro "Investigación UX", en cambio, se vuelca de lleno a la ejecución. Además de explicar rápidamente la metodología de trabajo, profundiza la parte práctica: qué hacen los diseñadores UX en las etapas iniciales de un proyecto, y cómo lo hacen.

Para quienes tengan cierta **experiencia en planeación, diseño, desarrollo y comunicación de productos digitales**, estas páginas ofrecen una guía clara sobre cómo planear y ejecutar un proceso de investigación UX. Los consultores avanzados, cuyas responsabilidades estén directamente relacionadas al diseño de experiencias, encontrarán aquí una profundización sobre las herramientas necesarias para hacer más eficiente el trabajo cotidiano.

Yendo al detalle, **"Investigación UX. Métodos y herramientas para diseñar Experiencia de Usuarios"** está focalizado en las primeras etapas del proceso de Diseño UX, orientadas a dar inicio a los proyectos digitales. Aquí se desarrollan en profundidad las principales herramientas de investigación, cubriendo dos aspectos esenciales: por qué y cómo hacer uso de ellas.

Pero antes de pasar a la práctica, es primordial comprender el contexto en el que estas herramientas se encuentran inmersas. Es hora de hablar de metodología.

1 "U.S. commercial banks - Statistics & Facts"
https://www.statista.com/topics/4406/commercial-banks-in-the-us

2 "Sistema financiero de Chile"
https://www.sbif.cl/sbifweb/servlet/ConozcaSBIF?indice=7.5.1.1&idContenido=477

3 "Informe resultados Bancos a dic 2017" https://www.renta4.cl/analisis-actualidad/analisis/informe-empresas/informe-resultados-bancos-a-dic-2017?id=2113

4 "Ranking de Bancos Argentinos 2016"
http://www.bcra.gob.ar/SistemasFinancierosYdePagos/Sistema_financiero_nomina_de_ent idades.asp?bco=AAA50&tipo=4

5 "Penetración mundial de internet" El Universal (21-04-2017)
http://www.eluniversal.com.mx/entrada-de-opinion/columna/octavio-islas/techbit/2017/04/21/penetracion-mundial-de-internet

6 "Redbanc y Transbank: la oscuridad de un monopolio" El Mostrador (14-07-2011) http://www.elmostrador.cl/noticias/opinion/2011/07/14/redbanc-y-transbank-la-oscuridad-de-un-monopolio

7 "Digital transformation: The three steps to success"
https://www.mckinsey.com/business-functions/digital-mckinsey/our-insights/digital-transformation-the-three-steps-to-success

8 "User Experience Designer Salaries in United States"
https://www.glassdoor.com/Salaries/us-user-experience-designer-salary-SRCH_IL.0,2_IN1_KO3,27.htm

9 "Cómo el Diseño UX aumenta el valor de los negocios" Jorge Barahona & Walter Giu (2017) https://www.ayerviernes.com/ebook-como-diseno-aumenta-valor-negocios

Metodología UX

Conocer el proceso metodológico del Diseño de Experiencia de Usuarios es muy importante para dar contexto a las herramientas que se profundizan en los siguientes capítulos. Así que antes que nada, **¿para qué sirve una metodología?**

Ejecutar una metodología de diseño y hacer uso de diversas técnicas y conocimientos específicos, permite llevar adelante los proyectos con fluidez. De esta forma, el resultado obtenido al final del proceso no será producto de la intuición o la inspiración, ni de la subjetividad de quienes diseñan, ni de la subjetividad del cliente, sino de un **procedimiento lógico, dinámico y, sobre todo, justificado.**

Utilizar una metodología de diseño ayuda, además, a alcanzar objetivos de forma eficiente y a disminuir, en gran medida, el margen de error. Tener un sistema, un proceso, permitirá no dejar pasar nada por alto.

Otro dato importante a mencionar sobre la metodología es su capacidad de **contemplar los objetivos de negocio, sin perder de vista lo más importante: las necesidades del usuario o cliente**. No hay que olvidar que el Diseño UX busca resolver problemáticas de negocio, pero además está centrado en el usuario. Una metodología UX ayuda a encontrar un balance estratégico entre estos puntos, antes de comenzar a diseñar un producto o servicio.

Ahora bien, ¿de dónde sale esta metodología? El proceso que explicaré a continuación es el resultado de 20 años de experiencia dirigiendo AyerViernes, consultora de Diseño UX, y de la investigación académica que he realizado en los últimos 18 años impartiendo Diseño de Experiencia de Usuarios en la Escuela de Arquitectura y Diseño[10] de la Pontificia Universidad Católica de Valparaíso (Chile) y en la Universitat Pompeu Fabra (Barcelona) [11].

A su vez, las herramientas de diseño que serán abordadas en este libro, han sido implementadas y validadas en cientos de proyectos digitales. En otras palabras, con tiempo, investigación y experiencia fui optimizando constantemente la metodología de diseño centrado en el usuario como eje articulador de los proyectos, y en este libro explicaré la primera parte de este proceso.

El Diseño UX abarca 5 etapas que ayudan a enfrentar un proyecto de diseño enfocado en los usuarios. Las primeras etapas, profundizadas en este libro, contemplan el trabajo de **articulación e investigación**. De todas formas, es importante entender cuáles son y qué objetivos tienen cada una de las etapas, antes de sumergirnos en la investigación UX.

---

10 Escuela de Arquitectura y Diseño, Pontificia Universidad Católica de Valparaíso (Chile) http://ead.pucv.cl

11 Postgrado en Usabilidad, Diseño de Interacción y Experiencia de Usuario, UPF Barcelona School of Management (Barcelona) https://www.barcelonaschoolofmanagement.upf.edu/es

Contexto Metodológico

Conocer las 5 etapas del proceso de Diseño UX es vital para entender el ciclo completo de la metodología y visualizar claramente cómo estos pasos se relacionan entre sí. Por lo tanto, haré un repaso rápido sobre los 5 hitos claves: articular, investigar, idear, implementar, medir.

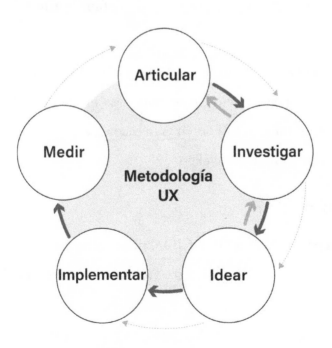

Articular

La ARTICULACIÓN busca entender **qué se quiere lograr y qué camino seguir para lograrlo**. Y lo más importante, es la etapa en la que los directores del proyecto deben poner a todos los equipos en sintonía con el pedido de trabajo.

Aquí se le presta mucha atención al *brief* y a la definición de los canales de coordinación y comunicación. También a la definición de los principales colaboradores, sus roles y responsabilidades.

Redondeando, el proceso de articulación se centra en 2 aspectos: por un lado, en acordar cuáles son los principales **objetivos del proyecto**; por otro, en definir la **modalidad de trabajo**.

La articulación, a su vez, está en constante sintonía con el proceso de investigación, ya que los resultados de dicha investigación pueden afectar en gran medida el pedido de trabajo, generando así un efecto cíclico.

Investigar

La etapa de INVESTIGACIÓN tiene como fin indagar en los aspectos esenciales del proyecto. Aquí es donde se descubren y analizan los principales factores que afectarán al proceso de diseño:

- **El cliente**: las necesidades de la persona que utilizará el producto o servicio
- **El negocio**: los modelos de negocios y los objetivos de la empresa, el producto o el servicio
- **El mercado**: la competencia y el contexto donde se moverá el producto o servicio

Realizar un proceso de investigación —el cual se abordará en este libro— es crucial para diseñar un producto o servicio exitoso. Desde esta etapa de la metodología, nacen las bases para reforzar el encargo de trabajo y recopilar información que permitirá tomar decisiones inteligentes respecto a los objetivos de negocio y las estrategias.

Al mismo tiempo, los reportes, resultados del trabajo de investigar el cliente, el negocio, y el mercado, ofrecerán material muy valioso para avanzar sobre el siguiente paso.

Idear

Sigue la IDEACIÓN, que se centra básicamente en las problemáticas de diseño del producto o servicio. Aquí es cuando, teniendo en cuenta los datos de la investigación y el pedido de trabajo, se comienzan a **planear, diseñar y hacer tangible las ideas** orientadas a alcanzar los objetivos de negocio.

La intención durante este proceso es lograr un producto listo para ser testeado, o sea, un prototipo racional, trabajando principalmente sobre los contenidos, la arquitectura de la información y el diseño de interacción.

Finalmente, en esta etapa —que también pasa por un proceso de evaluación del diseño, aplicando herramientas de investigación y medición—, se definen todos los documentos necesarios que apoyan a la etapa de implementación.

Implementar

La IMPLEMENTACIÓN es donde se ejecuta el diseño final y se lleva adelante el diseño visual y la **integración del diseño al proceso de programación**. O sea, se traduce todo el material de diseño de interacción a un producto o servicio final que, por supuesto, también está sujeto a controles de calidad.

En esta etapa convergen varias disciplinas. En Diseño UX, la implementación se encarga principalmente de los estilos cromáticos, tipográficos y de estilos, del diseño *front-end* y de realizar un acompañamiento al equipo de desarrollo.

Medir

Y finalmente, la etapa que estará presente durante el resto del ciclo de vida del producto, es la de MEDICIÓN. Este trabajo, el de medir, evaluar y analizar, comienza a tener mayor presencia en la etapa final del proyecto, y permite validar el correcto diseño y desarrollo del producto, además de entender si se están cumpliendo los objetivos del proyecto o no.

Es importante destacar que **un producto o servicio digital es un organismo vivo**, que convive en un contexto de cambio constante —cambios de consumo, cambios sociales, cambios tecnológicos— y las herramientas de medición son las que permiten monitorear y evaluar el funcionamiento del negocio a lo largo del tiempo.

Si bien las etapas de investigación y medición UX se asemejan, e incluso comparten herramientas, son diferentes. La medición UX comienza a aplicarse al final de los proyectos digitales, y pone a disposición análisis o reportes que están enfocados en **medir, analizar y mejorar la experiencia de uso**. O sea, es la etapa que invita a reanudar el proceso metodológico, y despierta la necesidad de volver a articular y crear un nuevo pedido de trabajo.

La articulación e investigación UX, en cambio, son etapa clave al inicio de los proyectos, y sirven principalmente para **realizar**

un levantamiento del contexto, definir objetivos y estrategias, y prepararse para la ideación y diseño del producto o servicio.

Estas etapas, las de articulación e investigación, que permiten **dar inicio al diseño de un proyecto con paso firme y seguro**, son las que se desarrollan a continuación. Para ello, primero explicaré de qué se tratan, sus objetivos y su beneficios, y luego pasaré a la parte práctica, donde presentaré sus principales herramientas UX.

Articulación UX

Independientemente de quién solicita el proyecto, en un pedido de trabajo se detallan diversos factores, pero el más importante es el siguiente: **¿qué se necesita?**

Está claro que no puede hacerse nada sin antes tener esa información fundacional.

En la etapa inicial de un proyecto, desde que llega el pedido o el correo con la propuesta, se desatan una serie de políticas y burocracias de lo más variadas, a las que no se les brindará espacio en este libro. Cada empresa, cada consultora, es un mundo aparte. Aun así, hay que entender que todas esas acciones iniciales pertenecen a una primera etapa de articulación de proyecto, donde se acuerdan los aspectos claves:

- ¿Cuáles son los problemas de negocio?

- ¿Cuáles son los problemas de los usuarios o clientes?

- ¿Cuál es el objetivo del proyecto?

- ¿Cómo se medirá el éxito del proyecto?

- ¿Quiénes están involucrados en el proyecto?

- ¿Cuáles son las responsabilidades de los involucrados?

- ¿Cómo se comunican los involucrados?

- ¿Cuáles son los tiempos de ejecución del proyecto?[12]

- ¿Cómo se va a ejecutar el proyecto?

Esa lista de preguntas se responden en una **herramienta llamada *brief***, una de las diversas herramientas usadas en la etapa de articulación del Diseño UX. Todos la conocen. Es la forma más práctica de solicitar un pedido de trabajo y la forma más útil de realizar una propuesta de negocio o un ofrecimiento comercial.

A continuación explicaré por qué y cómo hacer un *brief* de Diseño UX, para entender qué contempla un pedido de trabajo orientado al diseño de productos o servicios.

En conclusión: sabiendo qué hay que hacer y teniendo en claro de qué se trata el proyecto, aspectos que se resuelven en esta etapa de articulación, es posible avanzar sobre la investigación UX.

---

12 **"Gestión exitosa de proyectos: uso de herramientas para la de gestión del tiempo"** https://www.uxmatters.com/mt/archives/2009/03/successful-project-management-using-time-management-tools.php

Brief UX

El *brief* es una herramienta fundamental para enfrentar un proyecto, —ya sea nuevo o un rediseño— determinar las problemáticas y crear **una estrategia correcta**.

Se trata de un resumen escrito que elabora el cliente —por supuesto, guiarlo es siempre una buena opción— que debe contener y explicar con claridad los siguientes aspectos:

- **Identificación** de la contraparte y su equipo interviniente en el proyecto
- **Problemas** a resolver
- **Conocimiento** de los usuarios y clientes finales
- **Motivaciones** para ejecutar el proyecto
- **Activos** con que se cuenta para la ejecución del proyecto

El proceso de creación del *brief*, llamado *briefing*, puede tener hasta 3 etapas, 2 que se dan en la articulación —*brief* y *contra-brief*— y el *de-brief* al final de cada proyecto.

¿Por qué hacerlo?

Con esta guía se pueden **determinar los límites del trabajo y recopilar la información necesaria** para elaborar una propuesta comercial seria y profesional.

Además, la herramienta permite elaborar un proyecto sustentado en la realidad y las posibilidades de la empresa, teniendo siempre en el foco los **problemas que tienen los usuarios finales.**

En definitiva, un buen *brief* posibilita determinar **cómo comenzar, desarrollar y darle cierre a un proyecto digital** centrado en el usuario, y dejar en claro —tanto para el profesional UX como para el cliente— los objetivos y metas del proyecto.

¿Cuándo hacerlo?

El *brief* es un documento inicial, es lo primero que debe realizarse cuando una empresa o un departamento convoca a un profesional UX para llevar adelante un proyecto de Experiencia de Usuarios. Además, como se mencionó, el *brief* ayuda a delinear la propuesta comercial[13] y la estrategia a implementar. Por lo tanto, esta herramienta es fundamental para dar los primeros pasos que, en última instancia, definirán si el proyecto avanza o no.

Entregables

El *brief* es un documento que debe **resumir el encargo de trabajo,** y la realidad es que, en casi el 100% de las veces, se trata de "una lista de lavandería" que entrega el cliente —y que no sirve para diseñar un producto o servicio centrado en los usuarios.

Para hacer un trabajo profesional, es necesario crear un *brief* completo que permita entender los recursos disponibles —humanos, físicos, logísticos y económicos—, los problemas por resolver y las justificaciones.

Teniendo un buen *brief,* se puede plantear una **propuesta comercial lógica** que responda al encargo de trabajo. La propuesta comercial es uno de los documentos directamente relacionados al *brief,* ya que no puede existir una propuesta sin que haya un pedido de trabajo claro.

El segundo entregable que tiene profunda conexión con el *brief,* es **la estrategia.** Una vez aprobada la propuesta comercial y avanzado el proceso de investigación, es posible definir una estrategia de diseño, o sea, definir cómo se realizará el proyecto. La estrategia debe contemplar y aclarar los aspectos cubiertos en el *brief:*

- Objetivos
- Metas

- Recursos

- Presupuesto

- Tiempos

- Mecanismos de medición

Para hacer dicha estrategia, este libro entrega las tres herramientas fundamentales: entender al cliente final —estudio etnográfico—, al negocio —entrevistas a *stakeholders*— y al mercado —*benchmark*.

Detalle importante a mencionar: luego de llevar adelante un proceso de investigación UX, es posible que el encargo inicial tenga que ser actualizado. ¿Por qué sucede esto? Simple, el conocimiento obtenido después de un proceso de investigación, puede aclarar mejor la problemática a resolver —incluso cambiarla— y, por lo tanto, modificar los objetivos.

En mi experiencia, es muy común que el resultado de las entrevistas con los *stakeholders* y los *benchmarks* tiendan a modificar el pedido de trabajo.

Ventajas y desventajas

Ventajas

En cualquier proyecto —UX, marketing, etcétera— el *brief* es fundamental para dar comienzo al proceso y analizar su factibilidad, con lo cual sus ventajas están a la vista. Otorga transparencia y permite obtener un panorama del estado de situación inicial, los objetivos y metas, las intenciones del cliente, el presupuesto y otros factores decisivos.

Desventajas

El *brief* es un documento delicado que debe ser producido junto con el cliente. Cuando no se siguen estos pasos y se deja que el cliente lo elabore por su cuenta, los resultados pueden no ser los mejores. Por tanto, hacer un buen *brief* puede tomar algo de tiempo y desacelerar el comienzo del proyecto, lo que puede "enfriar" el potencial negocio. Más allá de esto, sería injusto inculcar desventajas a esta herramienta ya que, como se ha mencionado, es fundamental para allanar el camino hacia la estrategia correcta.

¿Cómo se ejecuta un buen brief?

- **Tiempo:** no más de 2 reuniones de 45'
- **Ejecutores:** un consultor UX con ayuda de su equipo y del cliente
- **Documentos fundamentales:** documentos de investigación que resuman la visión del cliente, del negocio y del mercado

- **Entregables**: documento que resuman el pedido de trabajo para dar inicio al proyecto y para definir una propuesta comercial y una estrategia

Procedimiento

1- El primer paso es la elaboración del *brief*, en torno a las siguientes preguntas:

¿Quiénes son los ejecutivos y jefes de proyecto?

Consiste en identificar los roles, funciones, responsabilidades y cargos de los ejecutivos que encargan el trabajo.

Es fundamental designar un **jefe de proyecto que represente al cliente**, que pueda convocar a sus pares, organizar la agenda, clarificar dudas y comunicar las decisiones a lo largo del desarrollo.

El consultor UX también deberá designar un jefe de proyecto. Su deber y el de su equipo es **educar e involucrar en todos los aspectos al jefe de proyecto del cliente**, ya que es el canal de comunicación entre ambas empresas, y quien se encargará de los aspectos administrativos y contractuales que facilitarán la relación.

La lista de los ejecutivos debería contener: nombre, cargo, función, email, teléfonos y un pequeño perfil.

Comprender quién es tu contraparte es fundamental para ejecutar el proyecto, porque su posición y conocimiento de UX determinarán el grado de esfuerzo que tendrás que aplicar para que todo funcione. Además, te ayudará a comprender cuál es su poder político para la toma de decisiones dentro de la organización, y entender así cómo la organización se está involucrando en el proyecto.

¿Cuáles son los problemas a resolver?

Desde el comienzo, el documento deberá permitir que los ejecutivos comprendan la tarea del consultor UX, que es la de diseñar bajo metodologías centradas en los usuarios.

Su función es allanar el camino, conducir el proyecto y ser capaz de soñar un destino posible para la empresa, teniendo siempre en cuenta que cuando hablamos de problemas de Diseño de Experiencia de Usuarios, hablamos de problemas de negocios.

¿Qué conocen de sus clientes y prospectos?

Aquí se debe **responder qué sabe el cliente**, qué se ha investigado, cuáles son los supuestos, las tendencias y cómo están respaldadas.

Normalmente, las empresas se apoyan mucho en estudios de mercado, trabajos de resultados, fundamentalmente cuantitativos, que no permiten entender las motivaciones, deseos o necesidades de los usuarios y clientes. Lo cuantitativo nos revela qué dicen, y en Diseño UX nos interesa conocer y medir qué hacen los clientes y usuarios.

Las preguntas, en este caso, se inclinarán sobre aspectos de evaluaciones de usabilidad, estudios etnográficos, *walk-through*, benchmarks o entrevistas guiadas que apunten a **brindar información cualitativa.**

¿Por qué desea hacer este proyecto?

Enterarse de los deseos y motivaciones de la empresa es importante, ya que más de alguna novedad interesante saldrá de este punto. No hay que olvidar que el cliente estará midiendo también la capacidad del consultor UX para entender y traducir los problemas de los usuarios que también son internos a la compañía. Por eso, con esta pregunta se está provocando e invitando a la conversación y al diálogo entre los ejecutivos participantes.

¿Cuáles son los activos y herramientas que existen para el proyecto?

Todo proyecto de Diseño UX gira en torno al contenido[14]. Se diseñan estructuras racionales de interacción, combinadas con las interfaces, principalmente para que el contenido fluya.

En este aspecto vale la pena preguntar:

- ¿Existe contenido? Textos, imágenes, videos, audio
- ¿Dónde?
- ¿En qué estado está?
- ¿Está editado para medios digitales?
- ¿Quiénes lo mantienen?
- ¿Con qué herramienta o metodología? (CMS[15])

El área de tecnología (TI) es otro factor estratégico en los proyectos digitales. No importa si se está trabajando una simple web, un espacio transaccional o una aplicación; al diseñar *software*, se deberá coincidir con el área TI para que el proyecto vea la luz tal y como se ha diseñado. Entonces, considerar los activos de TI —humanos y plataformas—, y convocarlos desde un comienzo, es crítico para el éxito del futuro trabajo.

¿Cuáles son los objetivos y metas?

Determinar objetivos y metas es esencial para el buen desempeño del proyecto. Pueden darse casos donde se cumplan las metas, como terminar el proyecto a tiempo, pero no se cumplan los objetivos, como por ejemplo vender a través de la web.

Los objetivos del proyecto deben estar acorde a los estudios, condiciones y realidad presupuestaria de la compañía.

Escribir objetivos claros y realistas es parte de un buen *brief*, que permite a los ejecutivos encontrarse con su propia realidad en términos de presupuesto, recursos humanos y tecnología.

Las metas son más simples, pero al mismo tiempo son fundamentales para demostrar avances y dar paso al *debrief*. Dichas metas deben ser, nuevamente, realistas y acordes a lo que la empresa es, quiere y puede llegar ser.

Las metas son, entonces, la manifestación concreta del trabajo ejecutado y, a diferencia de los objetivos, que son cualitativos, las metas están relacionadas a fechas, montos, tiempos o datos, o sea, son de carácter cuantitativo.

¿Cuál es el presupuesto para el proyecto?

Esta pregunta es crucial y definitiva. De no ser respondida, podría poner en peligro el proyecto.

Los desarrollos que se aprueban por precio —por ser económicos—, y no por tener objetivos y metas bien definidas, no suelen llegar a buen puerto.

Los costos destinados al diseño de un producto o servicio, afectan directamente a la calidad.

Las empresas están acostumbradas a "cotizar" por la compra de servicios, pero en Diseño UX no hay listas de precios. Existen tarifas de mercado que suelen estar muy distorsionadas por el miedo de los convocados a no tener trabajo. Por lo tanto, es preciso aclarar de entrada que diseñar Experiencia de Usuarios puede no ser barato ni rápido, aunque sí puede arrojar grandes resultados y elevar el retorno de la inversión.

Según la UX Alliance[16], un presupuesto de Diseño UX debería estar entre el 5% y el 10% del presupuesto general del proyecto, donde se incluye además el desarrollo y la ingeniería.

¿Cuáles son los tiempos?

Es fundamental conocer los tiempos de entrega que espera el cliente. Lo normal es que, al hablar de tiempos, se consideren sólo los de desarrollo y no se especulen los tiempos de respuestas y aprobaciones.

Por ejemplo, un diagrama de Gantt[17] —una herramienta para planificar y programar tareas a lo largo de un período determinado— es útil para saber cuánto tardará el desarrollo y sincerar así las metas y objetivos. Sin embargo, el manejo del tiempo en un proyecto está directamente relacionado a la madurez UX de la compañía. Mientras más madura, menos tiempo se le dedicará a los proyectos y por ende, menos costos tendrá la empresa.

Aquí me gustaría resaltar una contradicción; hago tablas gantt porque a través de ellas determino los costos y luego el precio que cobraré por un proyecto. Los clientes aman las gantt, pero en la práctica es muy difícil de cumplirlas por distintos motivos. Basta con que un ejecutivo se enferme o que la empresa reciba un impacto desde la competencia, para que el proyecto se vea afectado en sus tiempos y metas.

Es por lo mismo que siempre me resuena la frase que en alguna conferencia le escuché al profesor Humberto Maturana: "toda planificación está hecha para no ser cumplida". De hecho, Maturana ejemplifica esta aseveración con la planificación de su propia formación académica. Por lo mismo, siempre, además de una gantt aprecio tener una "rosa de los vientos", un indicador que nos diga si la fuente de la energía con que nos movemos, cambia y en qué dirección.

Notas e ideas

Por último, es importante permitir que los clientes se explayen en sus ideas sobre el proyecto: qué piensan, qué están viendo, etcétera. Es un buen antecedente para saber cuáles son los niveles de involucramiento en esta disciplina y su apreciación personal en cuanto a la experiencia de sus clientes y/o usuarios.

Descarga plantilla brief
http://bit.ly/brief-av

2- El paso siguiente es la elaboración del *contra-brief*

Se realiza inmediatamente **después de la recepción del *brief*** y se trabaja sobre las preguntas y dudas que deja el documento.

Es un proceso rápido y claro, que permitirá ajustar la propuesta y demostrarle al cliente que ya se está trabajando para entender el proyecto.

Posibilita, además, llegar a una conclusión más que importante: ¿se está en condiciones de participar en el desarrollo del encargo? ¿Es un proyecto viable? Esas son preguntas válidas que además nos permiten decidir si vale la pena invertir nuestro tiempo en desarrollar una propuesta de trabajo, las mal llamadas cotizaciones.

El *contra-brief* es necesario para introducir los retoques finales al *brief*, con el que finalmente se preparará la propuesta comercial.

3- El tercer paso es la elaboración del *de-brief*

El *de-brief*[18] es un mecanismo de revisión del cumplimento de las metas, que **se realiza al final del proyecto**. Funciona como un checklist que se revisa junto con el cliente, donde se podrá demostrar lo realizado y lo pendiente, y justificar otros detalles del proceso que no fueron cumplidos y por qué.

En otras palabras, permite entender cuantitativamente el avance del proyecto y la finalización.

---

13 **"Pasos para preparar una propuesta comercial de Diseño UX"** https://www.ayerviernes.com/blog/pasos-para-preparar-una-propuesta-comercial-de-diseno-ux

14 **"Dirección de Contenidos para proyectos digitales" Walter Giu (2018)** https://waltergiu.com/libro-direccion-de-contenidos

15 **CMS, Content Manager System.** Los más conocidos son Wordpress, Joomla o Drupal, sin embargo las grandes plataformas corporativas integran sus propios CMS.

16 **UX Alliance.** Es la alianza mundial más relevante en Diseño de Experiencia de Usuarios, presente en 27 países, con más de 55 oficinas en los cinco continentes. AyerViernes, la consultora UX que dirijo, pertenece desde el 2009 a dicha alianza UX. www.uxalliance.com

17 **"¿Qué es un diagrama de Gantt y para qué sirve?"** https://www.obs-edu.com/int/blog-project-management/diagramas-de-gantt/que-es-un-diagrama-de-gantt-y-para-que-sirve

18 **"Debriefing"** https://es.wikipedia.org/wiki/Debriefing

Investigación UX

Ahora que ya fue explicada la primer etapa de la metodología UX y se desarrolló ampliamente la principal herramienta para dar inicio a un proyecto digital, es posible avanzar sobre la siguiente etapa: la investigación UX.

Queda entendido, entonces, que se necesita sí o sí un encargo de trabajo, un cliente que quiera avanzar con algún proyecto, o un director de área de una empresa que necesite llevar adelante una tarea orientada al diseño de productos y/o servicios.

La etapa destinada a investigar, consiste en realizar un trabajo de observación, evaluación y análisis, de manera ordenada y siguiendo un método o sistema predeterminado. Y para ello, pueden aplicarse varias técnicas y pasos que permitirán añadir contexto y entendimiento al proceso de diseño de la experiencia de los usuarios.

Existen muchas herramientas de investigación[19], varias de ellas documentadas en libros o sitios web que tal vez conoces. Estas herramientas y métodos buscan entender fundamentalmente **cómo se comporta y despliega un sistema** —*software*, aplicación, sitio web o similares— midiendo la usabilidad del mismo, por lo que sus resultados son, en general, cuantitativos.

Otra posible búsqueda de las herramientas de investigación, puede ser entender las motivaciones, modelos mentales, problemas y frustraciones que tienen los usuarios con un sistema y su entorno; en tal caso, los resultados de estas investigaciones tienden a ser cualitativos.

Importante para resaltar: independientemente del tipo de investigación, al investigador UX le preocupa **saber qué hacen los usuarios en un sistema,** no lo que dicen que hacen. Por lo mismo, con las pruebas de usabilidad el diseñador UX trata de estresar el sistema y nunca al usuario.

En síntesis, durante la investigación se buscará llegar a conclusiones que puedan esclarecer la situación actual de los modelos de negocio de una empresa, y se detectarán ventajas y problemáticas que puedan afectar el diseño del producto o servicio. La investigación servirá, entre otras cosas, para generar una **hipótesis de trabajo** futuro.

Objetivos de esta etapa

Es muy importante tener bien resuelta esta etapa. La investigación UX es crucial para comprender las necesidades de los usuarios o clientes, conocer el contexto del mercado y aclarar los objetivos específicos de negocio. Parece complejo, pero no es *rocket science.*

Con un proceso de investigación bien logrado, se conseguirá un punto de referencia para justificar cada decisión, que además permitirá aprobar o desaprobar las ideas de Diseño UX. En tal caso, la investigación es la etapa que marca un camino y ayuda a trabajar en un producto lógico, balanceando siempre los objetivos del usuario y del negocio.

Además, se puede ver muy claramente la relación estrecha de esta etapa con la articulación UX. Los resultados obtenidos durante la investigación ofrecerán cierta inteligencia que probablemente afectará el pedido de trabajo, los objetivos y las estrategias. Se puede decir, entonces, que el principal objetivo de la investigación es lograr mayor claridad sobre el pedido de trabajo, los objetivos del proyecto y las estrategias a seguir.

Beneficios de esta etapa

La investigación es, sin dudas, una de las etapas más importantes del Diseño UX, principalmente por estar íntimamente ligada a la innovación. Muchas empresas hablan de I+D —investigación y desarrollo—, por ejemplo, pero dan poca o nula importancia a la investigación como fuente de conocimiento para explorar nuevos modelos y oportunidades de negocios.

Tomemos el caso de la **transformación digital**. Cuando hablamos de esta tendencia de carácter obligatorio para las empresas, podemos entenderla como un **cambio cultural que sucede fundamentalmente en el lenguaje** como constructor de realidades[20]. Por lo mismo, parte del proceso natural de dicha transformación es investigar para crear conocimiento y estimular el aprendizaje colectivo para que este pueda dar cabida al error o al acierto y, finalmente, provocar el cambio.

El alcance de la investigación, entonces, puede ser muy superior a un proyecto en particular y transformarse, incluso, en el centro de conocimientos de una compañía. En otras palabras, además de ofrecer datos claves para el diseño de un proyecto, puede ofrecer inteligencia de negocio, algo muy valorado por cualquier organización que aprecie y reconozca la importancia del tema.

Y además de este centro de conocimientos e inteligencia de negocio, existen otras grandes ventajas que devienen de un buen trabajo de investigación:

- Obtener información relevante sobre **qué producto desarrollar** o cómo desarrollarlo
- Conocer **quién es el usuario** y por qué necesita el producto o servicio a diseñar
- Entender en **qué mercado** se insertará el producto y cuáles son los competidores

Conclusión

Para ir redondeando y cerrando esta explicación de investigación UX, viene bien repasar qué tipo de datos y conocimientos se pueden obtener al final de la etapa:

- Los modelos de negocios y la visión futura de la compañía
- La situación del mercado
- La calidad de los productos o servicios de la competencia
- La calidad del producto o servicio propio, si es que se tiene
- Las necesidades del público objetivo
- La relación del público objetivo con el producto o servicio

- Las características individuales del usuario

- Un análisis más claro sobre los objetivos de la empresa y el proyecto

Para recopilar y presentar todos los entregables que resumen el valioso contenido de la investigación, existen diferentes técnicas o herramientas individuales que ayudarán a iluminar el camino y que se explicarán en este libro:

- Entrevistas a *stakeholders*

- *Benchmarking*

- Test heurístico

- Evaluación experta

- Estudio etnográfico

- Persona o arquetipos

A continuación, las 6 herramientas de investigación que todo profesional orientado a los productos y servicios digitales tiene que conocer

---

19 **"When to Use Which User Experience Research Methods" Christian Rohrer (2014)** https://www.nngroup.com/articles/which-ux-research-methods/

20 **"La concepción de Maturana acerca de la conducta y el lenguaje humano" Alexander Ortiz Ocaña (2015)** http://ref.scielo.org/d7sbjm

Entrevistas a stakeholders

La entrevista a *stakeholders* es una técnica de análisis cualitativo y de recolección de información basada en entrevistas. Un *stakeholder* o "sostenedor del negocio" es un directivo o ejecutivo de la organización, a nivel interno o externo, que ayuda a comprender el negocio.

La entrevista a *stakeholders* es realizada por un consultor UX —más un asistente— y se basa en indagar en los aspectos más importantes del negocio, que tendrán un gran peso a la hora de definir objetivos y estrategias, y diseñar y desarrollar el producto.

En este punto, hay que recordar que el Diseño UX funciona cuando se da la perfecta unión de 3 importantes factores:

- Necesidades del usuario
- Objetivos del negocio
- Contextos de uso

Lo que se deberá descubrir con esta herramienta UX, en mayor profundidad, es **la voz del negocio** (VoB[21], *voice of business*). O sea, entender el negocio, explicado desde la perspectiva de los interesados.

Cliente

Necesidades de la persona que
utilizará el producto o servicio

Negocio

Objetivos de la empresa,
el producto o el servicio

Mercado

La competencia y el contexto
donde se moverá el producto o servicio

¿Por qué hacerlo?

La entrevista a *stakeholders* es la herramienta que posibilitará **conocer en profundidad el modelo de negocio del cliente**, su realidad tecnológica, aspiraciones, competencia, usuarios — actuales, potenciales e ideales— y el ecosistema donde se "moverá" el producto a diseñar.

Para que la recopilación de esta información sea posible, pueden realizarse entrevistas a una gran variedad de profesionales interesados:

- CEOs
- Gerentes de área
- Miembros del área de marketing
- Vendedores
- Miembros del área de soporte
- IT / Técnicos

Mientras más relacionados a los altos cargos de la organización, y mientras más responsabilidades tengan, mejor. La variedad, además, puede brindar una buena diversidad de opiniones.

¿Cuándo hacerlo?

Esta herramienta debe utilizarse **al comienzo del proyecto**, de lo contrario el Diseño UX estaría trabajando a ciegas, desconociendo los intereses, necesidades y opiniones de uno de los factores más importantes del proyecto: el negocio.

A la vez, estas entrevistas iniciales ayudan a definir el caso de negocio o la estrategia que dará pie a la ideación y al diseño del producto o servicio.

Entregables

Una vez terminadas la entrevistas, se genera un **informe o reporte** que muestra los **patrones descubiertos en las respuestas**, y las alertas y conclusiones finales que permiten entender **cuáles son los modelos de negocios**, su visión actual y futura.

Ventajas y desventajas

Ventajas

- Se pone el foco en el valor individual de cada persona y en sus opiniones. Con lo cual, es probable que el *stakeholder* quiera cooperar más o ser más colaborativo durante todo el proceso

- Al realizar entrevistas individuales, puede lograrse mayor participación por parte del entrevistado, ya que se hacen preguntas más directas y la persona puede explayarse mejor en sus respuestas

- Las ideas y experiencias que aportan los *stakeholders* serán el apoyo de la propuesta estratégica, facilitando la aprobación de la misma

Desventajas

- Consume más tiempo y recursos que coordinar una única reunión con todo el equipo

- Así como hay personas que se desenvuelven mejor en ámbitos más privados, hay otras que prefieren las sesiones grupales en vez de las entrevistas cara a cara, porque se sienten más desinhibidos. Aún así, al realizarse una entrevista grupal, el entrevistador puede perder información valiosa

¿Cómo se ejecuta una entrevista con un stakeholder?

- **Tiempo**: entre 45 y 60 minutos por cada entrevista
- **Ejecutores**: consultor UX, como entrevistador. Asistente, para tomar nota de las respuestas. Esta distribución es muy importante porque el entrevistador debe prestar especial y dedicada atención a su entrevistado, sin distraerse en tomar notas, por ejemplo. Debe centrarse en construir confianza y calidez con el *stakeholder*
- **Materiales:**

  - Lista de preguntas, digital e impresa en papel
  - Grabadora
  - Notebook
  - Lápiz y papel

- **Documentos fundamentales:**

  - Planilla de preguntas, respuestas y notas de la entrevista
  - Firmar un NDA (*non-disclosure agreement*), aunque se recomienda tener este documento desde el comienzo del proyecto. La importancia de este documento es estratégica. Siempre que se ingresa a un nuevo proyecto, es recomendable solicitar el Acuerdo de Confidencialidad. Es

mejor aún si ya se tiene uno a mano. Es clave para poder demostrar profesionalismo y construir confianza

Descarga plantilla de NDA
http://bit.ly/NDA-UX

- **Entregables:**

  - Reporte que resume las entrevistas y busca patrones que construyan una hipótesis de diseño
  - Resumen de principales respuestas de los entrevistados

- **No se entregan:**

  - Debe respetarse la confidencialidad de la entrevista, por ende nunca se entregan las grabaciones o el material de recopilación de respuestas que permitan identificar a quienes respondieron

Procedimiento:

- Realizar reunión de *kick-off* con el equipo de trabajo para:

  - Acordar las preguntas que se harán

- Listar los *stakeholders* a entrevistar
- Agendar las entrevistas
- Realizar las entrevistas
- Transcribir el material y crear un resumen ejecutivo
- Realizar una reunión de entrega de reporte de resultados de las entrevistas

Primero, se debe asumir que planificar y hacer una entrevista no significa ser un periodista. Las preguntas que necesitan respuesta están relacionadas al negocio, y quienes responden esas preguntas son las personas que lo sostienen, quienes trabajan día a día con el producto o servicio.

La transcripción de las respuestas no debería estar contaminada por la visión del negocio que pueda tener el consultor —siempre la tenemos, así que no debe caerse en la tentación.

En este libro comparto una entrevista estructurada con una serie de preguntas predeterminadas e invariables para todos los *stakeholders* elegidos.

Todos los negocios y proyectos son distintos, de manera que no hay una lista de preguntas iguales, pero sí existen criterios que se repiten. Aquí están listados, para que se pueda visualizar correctamente cómo estructurar una entrevista a *stakeholders*:

- **Contexto**

  - Nombre

  - Cargo

  - Responsabilidades en la organización

  - Relación con los clientes finales

- **Visión comercial**

  - Sobre el negocio

  - Sobre el producto o servicio que están trabajando

  - Deseos y/o medidores de éxito del proyecto

  - Sobre el mercado

  - Datos del negocio, antecedentes de la competencia y/o los clientes

- **Experiencias personales**

  - Usando el producto o servicio

  - Utilizando sustitutos —de la competencia— o aquellos que recuerda y le llamaron la atención

- **Visión del futuro**

  - De sus clientes

  - Del mercado

  - De la compañía

- **Opinión**

  - Un espacio libre para que el entrevistado comente algo que crea importante

Descarga plantilla de
Entrevistas a Stakeholders
http://bit.ly/stakeholders-plantilla

Descarga plantilla de
Respuestas a Stakeholders
http://bit.ly/stakeholders-UX

Observaciones

Está claro que el entendimiento del negocio afecta al éxito del producto final. La entrevista a *stakeholders* busca comprender lo mejor posible los modelos de negocio que deberán volcarse en el producto que se diseña y, sobre todo, involucrar estratégicamente a dichos directivos, influenciadores o avales del proyecto.

Si se quieren lograr buenos resultados con esta herramienta, primero es recomendable identificar todos los *stakeholders* que se desea entrevistar, y luego preparar un cuestionario. Siempre hay que recordar esto: los mejores resultados se encontrarán en entrevistas individuales, así que esa cláusula no es negociable a la hora de agendar las entrevistas.

Las preguntas pueden variar entre proyecto y proyecto, pero siempre hay que tener en cuenta estos grandes grupos:

- Perfil del entrevistado y su rol en la empresa
- Uso y manejo de la tecnología
- Objetivos del negocio
- Conocimiento del usuario y su necesidad
- Situación o estado del negocio

Lo que buscamos son patrones que nos permitan elaborar una hipótesis de diseño, y en eso las entrevistas estructuradas son muy útiles. Sin embargo, la entrevista es también un espacio para escuchar. Es muy probable que el entrevistado sea un directivo, gerente o dueño, y debido a su rol, podrá compartir opiniones y mucha más información que pueda ser especialmente útil.

---

21 **VoB, Voice of business** https://en.wikipedia.org/wiki/Voice_of_business

Benchmark

El *benchmark* es un **análisis comparativo de productos o servicios** de la competencia, en relación a un producto existente o a uno por lanzar. También es útil para analizar qué hacen y cómo trabajan los competidores con sus servicios o productos. La idea principal es contar con un punto de referencia proveniente del mercado.

Los análisis *benchmark*, según los estándares de la UX Alliance, se enfocan en dos aspectos:

- **Experiencia de Usuarios (UX)** donde se analizan aspectos de usabilidad, aprendizaje, estimulación, estética o apariencia y operatividad del sistema. Se valora con puntajes de 1 a 5 (1 es muy malo, 5 muy bueno)

- **Funcionalidad**, donde se evalúa la presencia o ausencia de las funcionalidades requeridas para el sector. Se valoran con 1 para indicar que sí está presente y con 0 para cuando no se encuentra disponible la funcionalidad

En el caso de un *benchmark* a industrias como el retail, es interesante medir también aspectos de *Customer Experience* (CX), que abarca la entrega del producto, el servicio al cliente y la devolución de una compra. Como la UX, se valora de 1 a 5.

Una vez realizado un *benchmark*, se pueden obtener ideas para mejorar procesos y tecnologías, reducir costos, aumentar ganancias y fortalecer la relación con el cliente, como también aprender de los errores o carencias que puedan poseer los servicios digitales de los competidores.

¿Por qué hacerlo?

Al comparar el producto o servicio con la competencia, se gana perspectiva y puntos de referencia —tanto para mejorar la calidad como para darse cuenta que se está en una excelente posición—. Además, permite detectar oportunidades de negocios.

En síntesis, al trabajar un *benchmark* se podrá visualizar **cuáles son las fortalezas** y las debilidades del producto. Pero más allá de todo esto, la idea principal es trabajar sobre los siguientes aspectos:

- Mejorar procesos
- Analizar la competitividad de un negocio
- Poner a prueba los procedimientos
- Estimular nuevas formas de trabajar y de pensar
- Ampliar hacia la Experiencia de Clientes (CX), de ser pertinente

En un mundo altamente competitivo y en constante cambio, mirar "hacia afuera" y ver cómo operan los demás es muy valioso para mejorar la calidad y optimizar la atención al cliente.

¿Cuándo hacerlo?

El *benchmark* es una herramienta a la que se debe recurrir durante el proceso de investigación. Aplicar esta herramienta es clave, independientemente de si el producto ya está funcionando en el mercado, o si se está diseñando uno nuevo.

¿Cuándo utilizarla? Durante el proceso de investigación UX, porque realizar una **comparación con los competidores de manera cuantitativa** permitirá obtener las métricas necesarias para establecer ciertas metas clave en la estrategia.

De todas formas, el *benchmark* es una herramienta que conviene tener siempre a mano.

Entregables

El entregable que nace de hacer un trabajo de comparación de productos o servicios, es un documento que detalla:

- ¿Qué se está midiendo?
- ¿Cómo se clasifican esas unidades de medida?
- Las comparaciones realizadas

- Las empresas, productos o servicios que se comparan
- Las conclusiones

Por ser un trabajo donde colaboran varios consultores a la vez, suelo usar planillas de Google Drive. De dichos documentos, se obtienen los gráficos que serán una excelente evidencia cuantitativa para argumentar las conclusiones de la investigación en el reporte.

Ventajas y desventajas

Ventajas

- Introduce a la cultura de la mejora continua y el cambio
- Ayuda a concientizar sobre cómo se trabaja y el lugar que se ocupa en el mercado
- No requiere una gran inversión de dinero
- Inspira procesos creativos
- Brinda conocimiento valioso

Desventajas

- Si las conclusiones del informe no se utilizan o ponen en práctica, el mero hecho de hacer un *benchmark* no tiene utilidad

- Es una técnica que amerita cierto cuidado. Si no se compila la información correcta de la competencia, los cambios de dirección y la toma de decisiones pueden generar errores

- Suele provocar estancamiento cuando la comparación arroja resultados más positivos de los esperados

¿Cómo se ejecuta un benchmark?

Suelo realizar dos tipos de *benchmark*, uno que llamo "**de guerrilla**" y el clásico o "**profundo**".

El de "guerrilla" es muy simple de ejecutar y lo aplico para proyectos rápidos y menos estructurados. Esta modalidad de la herramienta permite sentar las bases para entender qué debemos investigar en un *benchmark* "profundo".

Benchmark de guerrilla

- **Tiempo**: media hora es suficiente para obtener datos comparativos de forma rápida

- **Ejecutores**: 3 o 5 consultores UX, ya que siempre es mejor usar números impares

- **Materiales**: planilla Google Drive o MS Excel. También se puede usar lápiz y papel o una simple pizarra

- **Documentos fundamentales**: tabla con datos comparativos

- **Calificación**: al igual que el *benchmark* profundo, en el de "guerrilla" se debe definir qué se investigará, y elegir un aspecto de UX o diversas funcionalidades

  - Si se mide Experiencia de Usuarios, se debe calificar de 1 (muy malo) a 5 (muy bueno)

  - Si se miden aspectos funcionales, sólo se debe constatar la presencia (1) o ausencia (0) de la función indicada

- **Entregables**: aunque es un *benchmark* casi de connotaciones y efectos internos, solemos no entregar más que una imagen que visualice tendencias. Sin embargo para formalizar el documento, se podría considerar:

  - Resultados y calificaciones finales. Generalmente se califica del 0 (muy malo) al 4 (muy bueno)

  - Gráfico incluido en la tabla para visualizar más rápidamente los resultados

FUNCIONALIDADES	Uber	Cabify	Easy Taxi	Lift	Satelital
¿Posee mapas de ubicación en tiempo real?	1	1	0	1	0
¿Puedo conocer el prestigio del conductor?	1	1	1	0	0
¿Tiene un sistema de viajes compartidos?	1	0	1	0	1
¿Posee otros medios de pago como efectivo o transferencia?	0	0	1	0	0
RESULTADOS	3/4	2/4	3/4	1/1	1/1
	75%	50%	75%	25%	25%

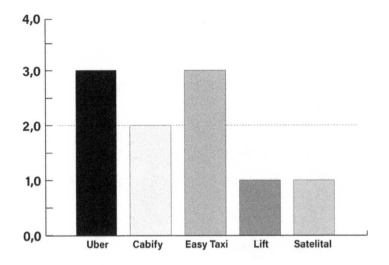

Los datos de la tabla y gráfico son ficticios, no representa la situación de las marcas. Esta imagen fue diseñada con el objetivo de ejemplificar las herramientas tratadas.

Procedimiento

- Reunión inicial con los consultores para:

  - Elegir las empresas competidoras y definir qué se procederá a comparar
  - Definir 4 a 5 preguntas y/o tareas que permitan medir el grado de efectividad del producto o servicio a analizar

- Calificación por parte de los consultores

- Reunión con consultores, donde se entrega y analiza el trabajo de cada uno

- Reunión de entrega de resumen de resultados

El método de **benchmark de guerrilla es generalista** y tiene como objetivo revisar atributos y características generales de un producto o servicio en relación a la competencia.

Primero será preciso reunirse con los consultores UX para definir brevemente los aspectos a analizar y a comparar. Luego, se pasará rápidamente a completar las tareas.

Benchmark profundo

El *benchmark* profundo es otro tipo de herramienta de investigación UX, muy similar al descrito anteriormente, pero es más compleja y completa, e implica mayor esfuerzo en la ejecución.

El método de evaluación es mixto. Cuando se miden aspectos de Experiencia de Usuario (UX), se valora entre 1 y 5, y luego se adicionan los comentarios del consultor. Cuando se miden aspectos funcionales, las variables utilizados son "sí" o "no" (1 o 0).

Los aspectos de UX que se miden de 1 a 5 son:

- Usabilidad

- Aprendizaje
- Estimulación
- Estética o apariencia
- Operatividad del sistema
- Utilidad

Los aspectos funcionales que se miden son la presencia o no de las funciones solicitadas.

Además, es importante que los consultores aporten sus comentarios y los pantallazos o fotos que permitan construir luego el reporte de *benchmark*.

- **Tiempo**: 16 hs
- **Ejecutores**: 3 o 5 consultores UX, ya que es mejor usar números impares, que dependen directamente de los competidores con quienes se hará la comparación. Cada consultor revisará sólo un competidor
- **Materiales**: tabla clásica de planilla Google Drive o MS Excel
- **Documentos fundamentales**: tabla con métricas y datos comparativos
- **Entregables**:
  - Reporte con resultados y calificaciones finales. Generalmente se califica del 1 (muy malo) al 5 (muy bueno)
  - *Screenshots* con métricas

- Gráficos que incluyen el resumen del reporte

- **No se entregan:**

  - La tabla original utilizada por cada consultor no se entrega al cliente. Siempre conviene entregar un reporte procesado y resumido

Procedimiento

- Reunión inicial con el cliente para definir:

  - Qué producto o servicio se va a medir y por qué
  - Empresas de la competencia

- Reunión con los consultores para:

  - Explicación el procedimiento y qué se procederá a comparar
  - Entrega de planilla para registro de sus tareas

- Calificación por parte de los consultores
- Reunión con consultores donde se entrega y analiza el trabajo de cada uno y reciben comentarios extras
- Ejecución de reporte *benchmark*
- Reunión de entrega de reporte de resultados

Descarga la Plantilla Benchmark
http://bit.ly/benchmarkUX

Descarga benchmark a banca móvil
http://bit.ly/2016UXA-banks-benchmark

Si el *benchmark* de guerrilla se utiliza para obtener datos relacionados con atributos o características, el método profundo se usa para comparar tareas y acciones que tienen que ver con la usabilidad del producto o servicio.

Observaciones

Dos comentarios: uno sobre los ejecutores y otro sobre los criterios a evaluar.

Por un lado, los consultores. La cantidad de consultores UX que intervienen en el *benchmark* y que se mencionaron en el resumen rápido de la herramienta (3 o 5), es un ideal que ayudará a conseguir variedad de observaciones y analizar la similitud de las conclusiones.

Por otro, los criterios. El truco del *benchmark* está en definir bien qué criterio se debe utilizar para evaluar. La mejor opción siempre es utilizar aquellos que sean fácilmente detectables y que permitan entender rápidamente una tendencia.

Revisión experta

La revisión experta —también conocida como "evaluación experta"— una técnica de revisión del grado de usabilidad de un producto o servicio, con **resultados cualitativos**, llevada a cabo por un consultor experto en usabilidad y Experiencia de Usuarios (UX).

Resulta muy útil como **preparación para una evaluación heurística**, ya que permite recorrer el sistema de forma anticipada y saber qué tareas o acciones se medirán, y dónde están los errores detectados.

Gracias a esto, el equipo de diseño de interfaces y el cliente pueden contar con una perspectiva diferente y, sobre todo, estratégica, en relación a cómo se debe proceder para que el producto satisfaga las necesidades de los usuarios y del negocio al mismo tiempo.

Importante: la revisión experta requiere de un buen conocimiento de diseño de Experiencia de Usuarios, ya que los resultados de este tipo de evaluación, están sustentados sólo por los conocimientos del consultor y, al ofrecer resultados cualitativos, puede provocar discusiones bizantinas con los clientes. Estos clientes siempre creen tener una opinión argumentada sobre los productos digitales, pero sólo un consultor senior puede sostener las observaciones con argumentos metodológicos y técnicos.

Por lo anterior, esta herramienta de investigación me ha servido mucho como respuesta para cuando me piden una opinión —gratis, obvio— sobre un servicio o producto digital. Mi respuesta siempre ha sido que no soy un opinólogo, soy un consultor que trabaja con metodologías comprobadas de investigación, como este tipo de evaluación.

Hay que tener en cuenta que existe un mecanismo similar llamado "**paseo cognitivo**". ¿En qué se diferencian la evaluación experta de un paseo cognitivo?

Por un lado, en la evaluación experta el evaluador utiliza sus conocimientos y experiencia en usabilidad y UX para detectar los fallos en las interfaces y el desempeño del sistema.

Por otro lado, **en el paseo cognitivo los evaluadores simulan un arquetipo** —persona— y recorren toda la interfaz del sistema para buscar callejones sin salida que estén impidiendo al usuario continuar su tarea o terminarla adecuadamente.

En síntesis, el paseo cognitivo busca verificar si el arquetipo podrá cumplir los objetivos que conducen a la siguiente acción. En la revisión experta, el consultor UX realiza una evaluación del diseño para identificar problemas de usabilidad y UX.

¿Por qué hacerlo?

La revisión es realizada desde el punto de vista del evaluador experto en UX, con lo cual ayuda a detectar fallas de las interfaces de forma temprana. Los expertos aplican su conocimiento para encontrar problemas y proponer cambios y soluciones que puedan mejorar la calidad final del producto o servicio en cuanto a experiencia del usuario.

A su vez, el consultor realizará su reporte sobre la base de métodos que permitan comprender qué **áreas o flujos de interacción** se evaluaron —qué proceso—, contemplando además los criterios —aspectos evaluados— y el **mecanismo de evaluación** utilizado —indicadores.

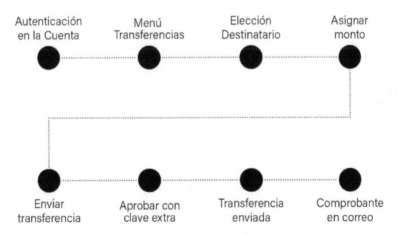

Un proceso, por ejemplo, puede ser un flujo completo de interacción en la transferencia electrónica de fondos en un banco, desde la autenticación hasta la recepción de los correos electrónicos que respalden la operación.

Los aspectos de evaluación podrían ser:

- **Estructura de navegación**, donde revisamos aspectos relacionados con la Arquitectura de la Información

- **Diseño de las interfaces**, donde se evalúa la visualización del sistema, las definiciones cromáticas y tipográficas, y la dirección de arte de las imágenes

- **Diseño de la interacción**, donde se evalúa cómo el sistema conversa con el usuario, cuáles son los mecanismos de diálogo que tiene y si se respetan o no buenas prácticas UX

!!! Alta prioridad

!! Prioridad media

! Baja prioridad

Los indicadores permiten **entender el mecanismo de evaluación**. Como el reporte se organizará sobre la base de los flujos de interacción definidos, se usan señales visuales para comunicar lo bueno —en compañías que ya se han preocupado mínimamente de la UX o la usabilidad, es posible que existan elementos que sí funcionan muy bien—, lo mediocre y lo malo.

Esta jerarquización ayuda a planificar los cambios en relación al tiempo dispuesto y los recursos que sean necesarios para efectuarlos.

¿Cuándo hacerlo?

Se realiza antes o durante toda la etapa del Diseño UX, y sus conclusiones son cualitativas.

En este caso, el consultor UX conduce una investigación preliminar que sirve de preparación para la etapa de desarrollo. Luego, una vez que el prototipo esté terminado —al menos en su gran mayoría— se puede recurrir nuevamente al análisis de experto para hacer una segunda auditoría, y así detectar si fueron solucionados de manera conforme las observaciones realizadas o si, producto del desarrollo, surgen nuevos detalles que afecten a la experiencia de uso.

La ventaja de hacer este análisis en una etapa temprana de investigación, o incluso de ideación, es que el desarrollo —o programación en sí— todavía no ha comenzado, y resulta más sencillo reparar o hacer ajustes necesarios en este nivel.

Entregables

Generalmente, el experto entrega un reporte con anotaciones, gráficos, sugerencias y la clasificación de los problemas encontrados con sus conclusiones y posibles soluciones.

Ventajas y desventajas

Ventajas

- Se obtiene feedback rápido de parte de un consultor en UX
- Si son realizadas por un consultor ajeno a la empresa, las conclusiones no estarán teñidas de preconceptos o subjetividades en el análisis
- Permite examinar procesos más específicos del sistema, como un cuadro de diálogo para autenticarse o un formulario específico
- Es más económico que un test de usuarios
- Detecta problemas y propone cómo arreglarlos

Desventajas

- La objetividad del experto puede fallar y no es sencilla de sostener, ya que se trata de su experiencia empírica enfrentada a los argumentos objetivos que suelen tener los mandantes de los proyectos, quienes buscan una "opinión" y no soluciones a sus problemas reales

- Si el investigador no tiene la experiencia suficiente, puede tener dificultad para jerarquizar las problemáticas y distinguir los problemas menores de los graves

¿Cómo se ejecuta un análisis de experto?

- **Tiempo**: 16 hrs.

- **Ejecutores**: 1 consultor senior

- **Documentos fundamentales**: planilla o tabla de análisis. Hoja de presentación que incluye el *screenshot* y las anotaciones

- **Entregables**:

  - Reporte de resultados y sugerencias

  - *Screenshots* y gráficas con datos resumidos

  - Jerarquización de los errores o aciertos que sirvan de guía gráfica

- **No se entregan**: Las tablas o planillas originales utilizadas por cada consultor. Siempre conviene entregar un reporte procesado y resumido

Procedimiento

- Definición de objetivos y metas del producto

- Definición de los flujos de interacción

- Desarrollo del análisis

- Construcción del reporte sobre la base de los resultados obtenidos, con indicadores que jerarquizan los problemas o ventajas detectadas

- Reunión con el cliente para presentar reporte y conclusiones

Observaciones

Cuando se enfrenta un proceso de investigación, partir considerando que todo está mal es un despropósito y habla muy mal del consultor.

Esta herramienta no sólo trae malas noticias. El análisis de experto también puede destacar los puntos fuertes del producto o servicio, y la empresa podrá utilizar y explotar estas ventajas competitivas.

Una última aclaración sobre el momento de ejecución de esta herramienta: es recomendable hacer este tipo de evaluación periódicamente, a modo de mantenimiento o como un test rápido. Los recursos son mínimos y los resultados pueden ser esclarecedores.

Estudio etnográfico

Los análisis etnográficos son estudios de campo que permiten observar lo que las personas hacen con un sistema, en un contexto y entorno social específico.

Su origen se da en la antropología social[22], sin embargo, por mi formación y participación como investigador y docente en la Escuela de Arquitectura & Diseño (Universidad Católica de Valparaíso, Chile) me fue muy natural entender, formalizar y sumar esta herramienta de investigación cuando comencé a desenvolverme como Diseñador UX, simplemente porque ya había aprendido a observar.

En palabras de Fabio Cruz, arquitecto y profesor de la escuela: *"Observar sería entonces esa actividad del espíritu (y del cuerpo) que nos permite acceder, una y otra vez, a una nueva, inédita, visión de la realidad."*[23]

Los diseñadores siempre hacemos etnografía de manera natural, porque la esencia de nuestro oficio es la observación del ser humano y de cómo se desenvuelve en su entorno y contexto.

Sin embargo, es necesario tener noción metodológica de cómo se diseña la experiencia de los usuarios, para no caer en las idealizaciones que podamos tener los diseñadores sobre las personas y sus actos.

En ese sentido, la etnografía basada en la "observación participante pasiva"[24], es un tipo de estudio que permite acercarse bastante a las problemáticas, aciertos y cambios que realizan los usuarios.

Entendemos que el entorno del laboratorio no es suficiente. Todas las especulaciones que se hacen acerca de los usuarios son incompletas si se permanece dentro de la oficina, sin observar a los usuarios finales en sus ambientes de trabajo y en interacción con el sistema.

Por ejemplo: ¿cómo analizar la relación de los usuarios con una extranet de agencias de viajes para hoteles? Visitar lugares donde trabajan —incluso se los puede seguir fuera del ámbito estrictamente laboral—, permitirá entender de manera directa qué hacen, cómo la usan y —quizás lo más importante— qué dificultades enfrentan con el sistema.

Es probable que estos problemas nunca hayan sido resueltos porque, en la mayoría de los casos, siempre se pone énfasis en la infraestructura tecnológica o en los aspectos visuales.

Una de los aprendizajes más importantes de un estudio etnográfico, es que ayuda a comprender que los problemas que tienen los usuarios son sistémicos. Van más allá del mero producto digital y combina necesidades ergonométricas, ambientales, arquitectónicas, urbanísticas, sociales y/o culturales.

La **construcción de empatía** es fundamental para diseñar un producto digital.

Estudiar al usuario con las herramientas que entrega la etnografía es tener una mirada cercana de los **modelos mentales** o situaciones sociales que proporcionarán los argumentos necesarios para dar soluciones que se ajusten a la vida de las personas, no del mandante —*stakeholder*— y mucho menos del consultor UX. Es la mejor forma de comprender que la UX va más allá de las pantallas y los *softwares*.

Para reforzar estos conceptos, aquí se explican las diferencias más importantes entre esta herramienta y otra similar:

- Un **estudio de usabilidad** busca determinar cómo los usuarios interactúan y se relacionan directamente con un producto
- Un **estudio etnográfico** se encarga de estudiar cómo los usuarios interactúan entre ellos y qué hacen con dichos productos o servicios

¿Por qué hacerlo?

El desafío de llevar adelante un estudio etnográfico consiste en desarrollar y lanzar al mercado un producto o tecnología que sea compatible con las características de una persona y con la dinámica de un grupo. Para tener esta certeza, los tests de usabilidad no son suficientes.

Ahí es cuando entra en escena el estudio etnográfico, ya que se adentra en los modelos mentales, las motivaciones y la comprensión real de los usuarios respecto a las interfaces y a la activación y uso del sistema —web, móvil, aplicación, kioskos y otros.

El consultor UX debe asumir que los usuarios están más tiempo interactuando con otros sistemas muy distintos al que se está diseñando y, por ende, cuando lo utilizan esperan que la interacción se comporte de manera similar.

Por ejemplo: si se está desarrollando un sistema de mensajería instantánea, el test de usabilidad indicará cómo un usuario interactúa con la aplicación. ¿Pero cómo saber qué impacto tendrá en un grupo social mayor? ¿Cómo será adoptado por un grupo particular? ¿Cuáles son los problemas reales que se están solucionando? Conocer este grupo permitirá lanzar un producto acorde al comportamiento y costumbres de sus integrantes.

¿Qué puede obtenerse al realizar un estudio etnográfico o de campo?

• Una aproximación mayor y mucho más detallada del usuario

- Saber qué tipos de usuarios adoptarán el producto y cómo lo usarán

- Identificación de necesidades grupales

- Conocimiento del contexto de uso

- Construir empatía con los usuarios para solucionar sus problemas desde sus necesidades reales

¿Cuándo hacerlo?

Los estudios etnográficos se deben llevar a cabo durante las primeras etapas del desarrollo del proyecto. La intención es conducir una buena "exploración" para tomar decisiones que van a modelar el proceso y los pasos a seguir. Si el producto "adopta" la forma del grupo social, no tendría sentido trabajar un estudio etnográfico al final del proyecto.

Entregables

Cada consultor y cada oficina consultora tendrá, por supuesto, una forma particular de presentar este documento, pero hay aspectos que no pueden faltar. Para este estudio se debe entregar un reporte o documento que incluya la investigación completa, las entrevistas, las observaciones y las conclusiones.

Ventajas y desventajas

Ventajas

- Ayuda a detectar problemas inesperados
- Comparándolo con otros, este método brinda una descripción mucho más exacta acerca del comportamiento de consumo
- Al observar y estudiar situaciones reales, se obtienen datos concretos —a diferencia de otros métodos que se basan en entender qué pasará cuando los usuarios se relacionen con el producto

Desventajas

- La observación de un grupo no es suficiente en sí misma. Es la evaluación y el análisis de toda esa indagación lo que ayudará a moldear el producto. Con lo cual, es una herramienta que consume mucho tiempo y recursos
- Si las entrevistas no se realizan de forma adecuada, quizás se incite al usuario a responder una pregunta que no es 100% acorde a su realidad

¿Cómo se ejecuta un estudio etnográfico?

- **Tiempo:** 36 hrs.

- **Ejecutores**: 1 consultor UX
- **Materiales**:

  - Libreta para tomar notas o hacer croquis
  - Cámara de fotos
  - Grabadora, en caso que se formulen preguntas a los usuarios

- **Entregables**:

  - Reporte de resultados
  - Gráficas y fotografías, si se hubiesen tomado

- **No se entrega**: todo el material crudo recolectado por el consultor durante su trabajo de observación

Procedimiento:

- Definición del método de observación por parte del consultor. Además, se establece si se tomarán notas, se harán croquis, se tomarán fotografías, etcétera
- Trabajo de observación y análisis en el sitio elegido
- Transcripción de notas en un documento nuevo
- Desarrollo de reporte con conclusiones
- Reunión con el cliente para presentar reporte

Pueden usarse tres técnicas de investigación y buscar la combinación que más aporte al proyecto:

- Participante
- Observación
- Entrevistas

Participante: donde el rol del investigador es ser parte de la vida del usuario. Lo que se busca es comprender de manera directa cómo es el día a día de los usuarios y analizar cómo interactúan con el sistema que se está diseñando. Este método permite ser la "sombra" del usuario.

Suena un poco invasivo, y tal vez lo es, por eso debe hacerse con la autorización expresa de los directivos de la compañía y de los mismos usuarios a observar.

Antes de comenzar el análisis, hay que pedir la autorización y explicar a los usuarios los objetivos del trabajo que se realizará, lo que se está estudiando y qué resultados tendrá para ellos.

Observación: esta técnica es usada por los diseñadores UX a diario y de manera intuitiva, ya que siempre están estudiando a los usuarios y su principal motivación está en saber cómo las personas usan los sistemas, en qué contextos y cuáles son las optimizaciones que se pueden implementar para mejorar la experiencia de uso.

Un trabajo muy interesante de observación etnográfica se resume en el libro *"Thoughtless Acts?*[25]*"*, de la diseñadora Jane Fulton Suri.

En dicho volumen, presentado en formato de postales, Fulton recopila una serie de observaciones de campo —las imágenes son tan claras que ni siquiera requieren ser explicadas— sobre cómo los usuarios utilizan los productos en contextos específicos y cómo las personas introducen pequeños cambios o adaptaciones para hacerlos útiles y mejorar así sus vidas.

Lo que Fulton hace es sólo observar y constatar qué sucede cuando las personas interactúan con los productos y cómo los adaptan para darles un mejor uso.

Entrevistas: aquí el diseñador UX puede participar o no de la cotidianeidad de los usuarios, y les hace preguntas en contexto. Diseñar y ejecutar entrevistas para confirmar hipótesis es un error; ese no es el fin de una entrevista etnográfica. Lo que se busca con esta herramienta de investigación es **descubrir nuevas oportunidades** que no se tenían en mente. Se trata, además, de no tener una lista de preguntas, porque **se buscan patrones de conducta colectiva en un grupo de personas**. Por lo mismo, son conversaciones informales —con cierta dirección, obvio— hacia el descubrimiento, para ayudar a construir una hipótesis de diseño.

Observaciones

Es preciso ir con cautela, ya que las preferencias o prejuicios del investigador pueden afectar la objetividad de los estudios etnográficos. Con esta técnica, la idea no es entender perfectamente al usuario, sino tratar de vivir y pensar como él.

Sin embargo, la observación etnográfica sólo cuenta una parte de la historia. Por eso, no hay que depender enteramente de este estudio para conocer al usuario. Siempre se puede tener a mano otras herramientas UX para complementar la investigación, como todas las que se explican en este libro.

---

22 **Antropología social** https://es.wikipedia.org/wiki/Antropolog%C3%ADa_social

23 **"Sobre la Observación"** Fabio Cruz (2003)
https://wiki.ead.pucv.cl/Sobre_la_Observaci%C3%B3n

24 **"Técnicas etnográficas como herramientas útiles en UX"** Daniel Torres Burriel (2010) http://www.torresburriel.com/weblog/2010/04/21/tecnicas-etnograficas-como-herramientas-utiles-en-ux

25 **"Thoughtless Acts?: Observations on Intuitive Design"** Jane Fulton (2005) https://www.ideo.com/post/thoughtless-acts

Test heurístico

La evaluación heurística es un método de inspección que, sobre la base de un **conjunto de criterios**, mide los fallos más relevantes de usabilidad en un sitio web o aplicación.

Un test heurístico permite **probar si un producto o sistema es *user-friendly*.** Básicamente, si el sistema se lleva bien con el usuario que lo utiliza. O sea, se evalúa al sistema, no al usuario.

Se aplica principalmente para detectar problemas de usabilidad, así que este tipo de evaluación puede y debe ser conducida por consultores UX.

Si bien hay una enorme cantidad de criterios o aspectos a tener en cuenta a la hora de realizar un test heurístico, lo más común es utilizar las 10 reglas heurísticas definidas por Jakob Nielsen[26]:

- Visibilidad del estado del sistema. ¿Informa sobre el estado del sistema de forma oportuna?

- Utilizar el lenguaje de los usuarios. ¿Usa términos, palabras y frases que son familiares para los usuarios?

- Control y libertad para el usuario. ¿Incluye opciones para que los usuarios puedan deshacer y rehacer las acciones?

- Consistencia y estándares. ¿Aplica las normas y convenciones de los sistemas conocidos?

- Prevención de errores. ¿Previene la aparición de errores entregando la información necesaria?

- Minimizar la carga de la memoria del usuario. ¿Evita que el usuario necesite memorizar datos para realizar una acción?

- Flexibilidad y eficiencia de uso. ¿Ofrece opciones para personalizar la interfaz?

- Diálogos estéticos y diseño minimalista. ¿Simplifica la interfaz lo más posible, evitando la información irrelevante o decorativa?

- Ayudar a los usuarios a reconocer, diagnosticar y recuperarse de los errores. ¿Usa mensajes de error que expliquen qué falló y cómo solucionarlo?

- Ayuda y documentación. ¿Entrega documentación fácil de encontrar que explique las tareas más importantes?

Bajo estas heurísticas se deben listar las "n" preguntas relacionadas a cada criterio.

Es importante destacar que existen otras listas de heurísticas que surgen a partir del trabajo de Nielsen publicado en 1995. Por ejemplo, en la "Guía de evaluación heurística de sitios web"[27] están los criterios de investigación de los colegas Yusef Hassan Montero y Francisco J. Martín Fernández.

Una evaluación heurística se diferencia de un test con usuarios porque la primera la ejecutan evaluadores UX —un máximo de cinco[28]—. En cambio un test de usuarios siempre está moderado por un consultor que interpreta las acciones y respuestas que entregan los usuarios.

Ambas herramientas de investigación poseen metodologías de ejecución diferentes, a las que hay que prestar atención para no argumentar resultados erróneos.

¿Por qué hacerlo?

El método heurístico ayuda a identificar los problemas de uso de un producto o servicio digital y a plantear soluciones inmediatas.

Sus resultados son cuantitativos, de manera que es muy fácil identificar qué está funcionando mal, qué requiere solución inmediata, qué está funcionando correctamente, y qué funcionalidad puede esperar a ser corregida porque en realidad no afecta el rendimiento del sistema.

Hacer un test heurístico es esencial, porque el éxito o fracaso de un proyecto está íntimamente relacionado con la adopción o rechazo del producto por parte del usuario. Adelantarse y detectar problemas —que pueden significar grandes pérdidas de dinero y recursos— es uno de los principales objetivos de la evaluación heurística.

Además, sus costos son bajos y puede ejecutarse con gran velocidad.

¿Cuándo hacerlo?

Se puede aplicar un test heurístico siempre que se tenga un producto —o un prototipo— listo para testear.

Es muy importante ejecutar este trabajo heurístico antes del desarrollo del producto, ya que los resultados serán el alimento para las metas que se añadirán a la estrategia de trabajo.

Obviamente, es preciso trabajar un test heurístico cada vez que el producto se actualiza o se introducen nuevas características.

Entregables

Lo importante es trabajar un documento por escrito que detalle los siguientes aspectos:

- Respuesta y análisis de cada criterio del test —las de Nielsen u otros—. Puede darse que se tenga que trabajar con sólo una parte de ellos porque el resto de los criterios pueden no ser relevantes para el sistema que se evalúa

- Gráficos de los resultados. Al ser una evaluación cuantitativa, los gráficos son una evidencia indiscutible sobre dónde hay que poner el foco
- Reporte de resultados y recomendaciones

Ventajas y desventajas

Ventajas

- Ayuda a centrarse en cuestiones específicas y en los aspectos más relevantes
- Permite entender la experiencia general del usuario
- Es muy rápido y económico en contraste con los beneficios recibidos

Desventajas

- Si no se escoge un set de preguntas completo, pueden pasarse por alto problemas graves
- Está basado en nociones preconcebidas acerca de "qué es una buena usabilidad", y puede derivar en procedimientos mecánicos de revisión
- Hay clientes que se hacen adictos a los test heurísticos y terminan fundamentando el trabajo sólo en esta herramienta, sin combinarla con otras que permitan tener una visión más holística de los problemas y soluciones

¿Cómo se ejecuta un test heurístico?

- **Tiempo**: 16 hrs.

- **Ejecutores**: 5 consultores UX

- **Documentos fundamentales**: planillas o tablas de análisis

- **Entregables**: reporte de resultados

- **No se entregan**: las tablas o planillas originales utilizadas por cada consultor. Siempre conviene entregar un reporte procesado y resumido

Procedimiento:

- Diseño de la evaluación por parte del consultor senior:

  - Se definen los criterios —no necesariamente los 10— y las tareas y preguntas derivadas de cada criterio

  - Se arma el plan general y la planilla de respuestas

- Reunión con evaluadores UX para distribuir las tareas y explicar el trabajo

- Desarrollo del test por parte de los evaluadores

- Construcción del reporte por parte de un consultor UX, sobre la base de los resultados obtenidos

- Reunión con el cliente para presentar reporte y conclusiones de mejoras en usabilidad

Observaciones

Siempre se cuestiona cuántos evaluadores son necesarios para que la muestra sea estadísticamente correcta. Esto sucede porque los clientes, y en particular los profesionales relacionados al área de marketing, siempre han trabajado con estadísticas y basan su desempeño en datos que se obtienen con metodologías cuantitativas.

Ante esta realidad, Jacob Nielsen, determinó que para obtener el 75% de los fallos de usabilidad, no se requieren más de cinco evaluadores independientes, ya que la curva deja de crecer en descubrimientos de fallos en ese punto. Incluso si participan 10 o 20 consultores, la curva de obtención porcentual de resultados no es relevante como para invertir en más de 5 evaluadores UX.

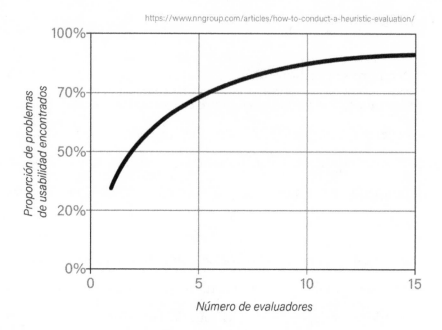

https://www.nngroup.com/articles/how-to-conduct-a-heuristic-evaluation/

He participado de largas reuniones argumentando esta definición estadística con los ejecutivos, y siempre he zanjado la discusión ofreciendo la documentación del método científico de Nielsen y Landauer[29], que en 1993 definieron un modelo que utiliza una regla de predicción para el número de problemas de usabilidad encontrados en una evaluación heurística, por cada evaluador.

---

26 **"10 Usability Heuristics for User Interface Design"** Jakob Nielsen (1995)
https://www.nngroup.com/articles/ten-usability-heuristics/

27 "Guía de evaluación heurística de sitios web" Hassan & Martín (2003)
http://www.nosolousabilidad.com/articulos/heuristica.htm

28 "How to Conduct a Heuristic Evaluation" Jakob Nielsen (1995)
https://www.nngroup.com/articles/how-to-conduct-a-heuristic-evaluation

29"How to Conduct a Heuristic Evaluation" Jakob Nielsen (1995)
https://www.nngroup.com/articles/how-to-conduct-a-heuristic-evaluation

Persona o Arquetipo

Fue en el libro *"The Inmates Are Running the Asylum"*[30] donde Alan Cooper introdujo el concepto "persona" en el proceso del Diseño de Interacción. Es interesante leer del mismo Cooper cómo y por qué se llegó al invento de esta popular herramienta de investigación.

Sus motivaciones surgieron cuando, ya trabajando como consultor, tuvo que diseñar un *software* para uno de sus clientes —antes había diseñado las bases del Visual Basic, entre otros—, y las entrevistas a los ingenieros y participantes en el proyecto no daban real respuesta a las necesidades de los usuarios finales[31].

La herramienta "persona", desde la perspectiva del Diseño UX, sirve para **representar los diferentes tipos de usuarios del producto a desarrollar**. Si bien son personas ficticias, arquetipos, se construyen teniendo en cuenta usuarios reales. De hecho, una persona es el resultado de la combinación de aspectos como:

- Investigación de usuarios actuales y potenciales
- Investigación de mercado
- Análisis de comportamiento *online* y *offline*
- Estudio de ventas efectuadas y no concretadas

- Encuestas a los usuarios
- *Feedback* de los equipos internos de la empresa

Para trabajar una persona o arquetipo se puede acudir a una gran variedad de datos que se encuentran en diferentes áreas de la compañía, como marketing, ventas, soporte, TI, etcétera.

Todos pueden aportar información relevante que ayude a construir una persona. Hay personajes primarios y secundarios.

- **Los primarios** son aquellos para los que se diseña el producto final, ya que son quienes requieren de un modelo de interacción único
- **Los secundarios** pueden usar una interfaz diseñada para otras personas

Los primarios necesitan de un mecanismo de interacción propio y único que no serviría para otro personaje.

Por ejemplo, en una aplicación para el manejo de las notas y la vida académica en una universidad, el personaje primario es un alumno; las interfaces e interacción están dedicadas especialmente a dicho personaje. Sin embargo, un administrador del sistema puede usar las interfaces por defecto, pero no están pensadas para él.

¿Por qué hacerlo?

Con esta herramienta se puede desarrollar un producto a medida de los usuarios ideales. La idea final es entregar inteligencia al proceso de ideación UX, para lograr que los usuarios se identifiquen rápidamente con el producto, que lo adopten fácilmente y que se sientan cómodos, tal como si hubiese sido creado especialmente para ellos. De esa manera, se piensa, diseña y pone en marcha un producto destinado a usuarios específicos con necesidades propias, definidas y concretas.

Entonces, lejos de crear o inventar una necesidad —con todo el riesgo comercial que ello podría acarrear—, se lanza al mercado un producto adaptado a necesidades reales y existentes.

¿Cuándo hacerlo?

Esta herramienta debe realizarse en la primera etapa, durante la investigación e ideación del producto. No hacerlo —o hacerlo más tarde— sería lo mismo que desarrollar un producto para todos y nadie en particular al mismo tiempo.

Entregables

Para este entregable se suelen presentar fichas de usuarios que contienen datos clave de cada persona y que puedan guiar el diseño y desarrollo del producto.

Los datos a incluir del arquetipo suelen ser: objetivos y desafíos, necesidades y detalles más orientados a describir su historia, como la descripción de sus comportamientos y costumbres, ocupación, personalidad, actitud, etcétera. Incluso es recomendable identificar a la persona con una foto —ficticia, claro está— y un nombre, para humanizar el arquetipo.

Ventajas y desventajas

Ventajas

- Permite desarrollar productos enfocados en necesidades reales
- Ayuda a construir empatía y ganar perspectiva
- Posibilita tomar decisiones más inteligentes y orientadas a la efectividad

Desventajas

- De no hacerse correctamente y con datos reales, puede deshumanizar al usuario y convertirlo en un modelo creado a imagen y semejanza del desarrollador
- Al ser perfiles artificiales, no se puede interactuar con ellos. Por lo tanto, en algunos casos puede ser complejo medir si se está creando o no una persona alejada o ajena a la realidad del usuario o cliente ideal

¿Cómo se ejecuta una persona o arquetipo?

- **Tiempo:** 4 horas
- **Ejecutores:** 1 a 3 consultores UX
- **Materiales:** plantilla de diseño de arquetipo
- **Entregables:** perfil de arquetipo (ficha con datos y foto del usuario)
- **No se entregan:** las planillas o fichas en las que trabaja el consultor y que suelen tener anotaciones extra y observaciones

Procedimiento:

- Reunión inicial con el cliente para conocer y discutir el perfil del usuario ideal o los usuarios ideales

- Reunión con equipo UX para definir los arquetipos a construir, fijar tareas y repartir responsabilidades
- Investigación, análisis y creación de las fichas por parte de los consultores UX
- Transcripción de la información contenida en las fichas a las plantillas de arquetipo
- Reunión con el cliente para presentar perfiles

Observaciones

El resultado de la indagación e investigación permite crear diferentes arquetipos —es recomendable que núnca sean más de 7—, y estos perfiles deben ser consensuados entre todos los involucrados.

Un consejo extra: los miembros de una empresa que, por su trabajo, se encuentran más en contacto con el usuario final —ventas y soporte, generalmente— son quienes pueden aportar mayor calidad de información y cantidad de conocimientos.

¿Y si se trata de una empresa nueva y sin historial de clientes? En ese caso será necesario analizar el mercado, estudiar la competencia y ver de cerca el comportamiento del usuario al que se quiere llegar.

Para ayudar en la creación de los perfiles, una buena aplicación a mencionar es smaply.com: servicio en línea que permite ejecutar el desarrollo de arquetipos, el mapa del viaje de cliente y el mapa de los sostenedores del negocio.

---

30 **"The Inmates Are Running the Asylum"** Allan Cooper (1998)
https://www.amazon.com/Inmates-Are-Running-Asylum-
Products/dp/0672326140/ref=sr_1_1

31 **"The origin of personas"** Alan Cooper (2008)
https://www.cooper.com/journal/2008/5/the_origin_of_personas

¿Cómo vender o comprar Diseño UX?

Además de saber qué herramientas existen, por qué usarlas y cómo emplearlas, hay otro detalle igual de importante a contemplar: ¿de dónde nace la oportunidad o la excusa para utilizar estas herramientas?

Muchas veces sucede que un consultor quiere vender estrategias UX pero se topa con muchas dificultades. También puede ocurrir que un ejecutivo quiera comprar un servicio UX, pero no sepa por dónde comenzar. En esta sección abordaré cada caso y explicaré qué debe hacerse para vender o comprar servicios UX.

Vender UX

Lo primero que un consultor UX debe comprender es que aquí se están solucionando problemas de negocio. O sea, no se está vendiendo una solución a problemas técnicos o de diseño. Es fundamental que se entienda que diseñar Experiencia de

Usuarios es una actividad compleja, que abarca mucho más que el desarrollo de una web o el diseño de un folleto digital.

Es muy común que los clientes se acerquen a un consultor UX para solicitar proyectos de ese tipo, que no tienen nada que ver con Diseño UX. Por lo tanto, un consultor tiene que poder dilucidar que no todos los encargos de trabajo son buenos o adecuados para él, y que algunos de ellos serán más una traba que un avance.

Otra de las problemáticas que se pueden encontrar, es que muchas veces los ejecutivos de empresas convocan a consultores sin saber realmente qué necesitan o cuál es el problema a resolver. Las reuniones no llevan a nada y se pierde tiempo en detalles innecesarios. En estos casos, debe responderse la siguiente pregunta: esta persona, ¿necesita un consultor UX, un programador web, un especialista en marketing o un psicólogo? Si la búsqueda es especializarse en Diseño UX, hay que mantenerse firme en el camino indicado: las dificultades a resolver son problemas de negocio.

En otro libro editado por AyerViernes, "Cómo el Diseño UX aumenta el valor de los negocios"[32], puede encontrarse muchísimo material para optimizar el discurso de venta de servicios UX y estar mejor preparado para enfrentarse a reuniones de venta. Cuando el consultor consigue una primera reunión para ofrecer sus servicios, debe aprovechar cada minuto, indistintamente de la persona que esté detrás del escritorio. Puede ser un jefe de área de la empresa en donde trabaja o un posible nuevo cliente para su consultora UX. Es indistinto; lo importante es "exprimir" dicho encuentro.

Si se detecta que el convocante desea implementar UX en su empresa, lo primero que debe estudiarse son sus objetivos. Y aclarado ese gran detalle, debe examinarse el nivel de madurez de la empresa en términos de Diseño UX, o sea, cuánto conocimiento o experiencia tiene la compañía en este tema.

Y más allá de entender los objetivos y dilucidar la madurez, es fundamental centrar la conversación en problemas de negocio.

Otros grandes aspectos que se deben explicar en la primer reunión de venta —y mientras más claro quede, mejor—, son los posibles requerimientos y consecuencias del trabajo del consultor UX: a la hora de implementar UX en una organización, se requiere de la colaboración de todas las áreas de la empresa, y tal implementación puede conducir a cambios culturales, organizacionales y, obviamente, de productos y servicios.

¿Por qué aclarar este aspecto? Porque la organización debe estar predispuesta a la implementación de una metodología. De lo contrario, todos los movimientos y esfuerzos del consultor pueden ser boicoteados durante el avance del proyecto.

Una vez que el cliente haya decidido avanzar, es importante seguir —o tal vez adaptar— el proceso que se explicó al principio:

- Articular e investigar
- Volver a definir el *brief* con objetivos y estrategias claras
- Idear soluciones a las problemáticas de negocio
- Implementar las soluciones y medir los resultados

Siempre hay que recordar que realizar una investigación profunda que abarque el negocio, el mercado y el usuario, es clave para definir un buen plan de trabajo.

Con toda esa información, se puede terminar de definir un nuevo *brief* que explique qué puede hacerse y por qué. Puede darse que, en la primera reunión, el cliente ofrezca un *brief* previo elaborado por un equipo de la empresa. En ese caso, el consultor tendrá que explicarle que, para avanzar con una estrategia real de UX, es preciso analizar la problemática en general, y que no se debe asumir que el pedido de trabajo, con las tareas que han sido asignadas, es el correcto. Es muy probable que, durante una etapa de investigación, los objetivos cambien. Por eso es preciso tomar el control del proyecto y comprender qué se necesita hacer y por qué.

Con la aprobación del *brief* definitivo, elaborado o reelaborado, y teniendo en cuenta los resultados de la investigación, sólo resta avanzar hacia la etapa de ideación para comenzar a trabajar sobre el diseño del producto y la solución de las problemáticas de negocio.

Explicar este proceso a un cliente o al gerente de área de una compañía puede ser muy importante para vender el proyecto y generar confianza. Además, puede ayudar a que el trabajo del consultor sea tomado más en serio. Claro que ponerse insistente con el procedimiento de trabajo también puede afectar negativamente la venta del proyecto. Hay que saber balancear. Además de vender un proceso, también es importante vender los beneficios que se obtendrán con las acciones a realizar y elevar el retorno de la inversión.

Comprar UX

Cuando se adquiere un servicio UX, lo primero que debe comprenderse es que la empresa sufrirá grandes cambios en su cultura y organización. No hay estrategia UX posible sin alteraciones profundas en el corazón de la compañía.

Como se dijo en el título anterior, cuando se habla de venta, la problemática UX no tiene que ver con tecnología, *software* o diseño gráfico. Entonces, es primordial poner el foco en las dificultades que enfrenta el negocio y entender que la Experiencia de Usuarios implica una transformación digital de la compañía sobre la base de que el usuario —cliente o prospecto— debe estar siempre en el centro.

Otro detalle importante a tener en cuenta, es que el consultor UX no es un proveedor de productos o soluciones de marketing. La disciplina es distinta y aplica herramientas y métodos diferentes. Además, es probable que las técnicas y herramientas que se hayan estado usando en una empresa ya sean obsoletas. Con lo cual, para comenzar con el pie derecho, es mejor dejar de lado el orgullo y aceptar que el consultor experto tiene un conocimiento específico y totalmente nuevo. En definitiva, hay que prepararse para aprender.

Antes de pedir una entrevista al consultor UX, hay que pensar en lo siguiente:

- La tecnología cambió y seguirá cambiando la vida de las personas
- Los clientes cambian rápido e inesperadamente
- Los mercados son conversaciones[33]

Todo esto afecta a cualquier compañía. Quizás no se había abordado de esta manera, pero cualquier empresario sabe que algo pasa, que la competencia es cada vez más fuerte y que retener clientes no es tan fácil como antes. Puede que se hayan lanzado campañas de marketing agresivas y contratado más vendedores, pero los números no se alteran, o bien han empezado a caer.

Ahí es cuando llega el momento de confiar en un consultor UX. Sucede de la misma manera con un médico o un abogado: si se quieren obtener los mejores resultados, hay que ser honesto con ellos y estar abierto a toda clase de sugerencias. Asimismo, es preciso entender que implementar una estrategia UX es hacer una inversión. ¡Nada es gratis!

El servicio de Experiencia de Usuarios no viene enlatado y listo para consumir. Cada empresa tiene una problemática distinta, con lo cual, las tarifas también serán diferentes según cada caso.

Y si hay un compromiso real, si hay investigación y capacitación, será sencillo comprender que la UX es algo continuo, que no perece una vez que se haya abierto o que el consultor se haya retirado.

Los cambios profundos persisten, así como también los resultados efectivos y positivos.

Cuando se compra un servicio UX se está "comprando cambio" y una nueva y optimizada forma de ver un negocio. Quien quiera adentrarse en este universo, debe recordar que el usuario es el centro, y su experiencia con el producto, el servicio o la marca —ya sea buena o mala— es lo que realmente maneja el éxito o fracaso de cualquier compañía.

Los profesionales que mejor entienden todos estos aspectos en el mercado, son los diseñadores de Experiencia de Usuarios. Todavía hay pocos, y son contados los que tienen conocimientos claros y buenos años de trayectoria. El mejor consejo es salir ya mismo a buscarlos.

---

32 "Cómo el Diseño UX aumenta el valor de los negocios" Jorge Barahona & Walter Giu (2017) https://www.ayerviernes.com/ebook-como-diseno-aumenta-valor-negocios

33 "The Cluetrain manifesto" http://www.cluetrain.com

Conclusión

El diseño es un proceso, no es un fin, y al igual que esos viajeros de Bowles en su libro "El cielo protector", amamos el trayecto. Por eso mismo necesitamos de un proceso metodológico que, realizado correctamente, asegure el éxito del diseño de un producto o servicio. La investigación UX es una etapa muy importante en todo este desarrollo.

Sin una investigación adecuada, se corre el riesgo de diseñar un producto que no tenga ningún tipo de impacto en el mercado. Es decir, que no presente nada innovador, que sea insuficiente o que no ayude a solucionar problemas que realmente importan al usuario. En otras palabras, se corre el riesgo de diseñar un producto ignorado por el público o que nadie logre adoptar.

Si se concluye un proceso de diseño y desarrollo sin darle espacio a la investigación UX, es probable que el resultado sea un producto atractivo —para hacer diseño visual sólo se necesita talento—, pero sin chances en el mercado y sin una funcionalidad lógica.

La investigación UX sienta bases sólidas para lo que vendrá, prepara el terreno, estudia el contexto y realiza las indagaciones correspondientes para luego seguir la dirección correcta.

Como se mencionó anteriormente, el objetivo primario es diseñar productos que sean relevantes, útiles, requeridos por el usuario, sencillos de adoptar y usar, accesibles, amigables y de fácil inserción en un mercado determinado.

Para lograr todo lo anterior, hay que dedicar tiempo a la investigación, la indagación, la observación y el descubrimiento de los aspectos esenciales que afectarán al diseño del producto. ¿Cuáles son esos aspectos? El negocio, el mercado y, principalmente, el usuario. Porque de eso trata, principalmente, el Diseño UX: una disciplina que se ocupa del diseño centrado en el usuario.

Sobre el autor

Jorge Barahona es altamente reconocido como consultor experto en Diseño UX; uno de los principales impulsores del Diseño UX en Chile, con una gran influencia sobre el mercado latinoamericano. Es además profesor de la Escuela de Arquitectura y Diseño en la Universidad Católica de Valparaíso en Chile, y de la Universidad Pompeu Fabra en España. Con más de 20 años de experiencia en la dirección de AyerViernes, consultora de Diseño UX & Servicios, ha participado en cientos de proyectos digitales —vinculados a la banca, transporte, gobierno, logística, educación, salud, telecomunicaciones, *hardware* y *software*, consumo masivo, retail y organizaciones sin fines de lucro, entre otras áreas— experiencia que también transmite e imparte en la Escuela UX de su consultora, y en el Programa de Certificación Internacional UX-PM.

Bibliografía de Referencia

Además de la experiencia personal como consultor UX, gran parte de mis experiencias y conocimientos están complementados y validados por una amplia bibliografía sobre la disciplina.

Para aquellos consultores que gusten de seguir indagando en el Diseño UX, aquí les dejo una buena lista de lectura, que también es parte de la bibliografía consultada para el desarrollo de este libro:

"UX Strategy. How to devise innovative digital products that people want", Jaime Levy (O'Reilly, 2015)

"Mental models. Aligning design strategy with human behavior", Indi Young (Rosenfeld Media, 2008)

"Usability Inspection Methods", Jacob Nielsen (John Wiley & Sons, 1994)

"Experiencia de Usuario: Principios y Métodos", Yusef Hassan Montero (2015)

"Interviewing Users", Steve Portigal (Rosenfeld Media, 2013)

"Practical design discovery", Dan Brown (A Book Apart, 2017)

"Handbook of Usability Testing: How to Plan, Design, and Conduct Effective Tests", Jeffrey Rubin, Dana Chisnell (Wiley, 2008)

"Remote research. Real users, real time, real research" Nate Bolt & Tony Tulathimutte (Rosenfeld Media, 2010)

"Psychology for designers" Joe Leech (mrjoe press, 2016)

"Universal Methods of Design: 100 Ways to Research Complex Problems, Develop Innovative Ideas, and Design Effective Solutions" Bruce Hanington, Bella Martin (Rockport Publishers, 2012)